기본 연산
Check-Book

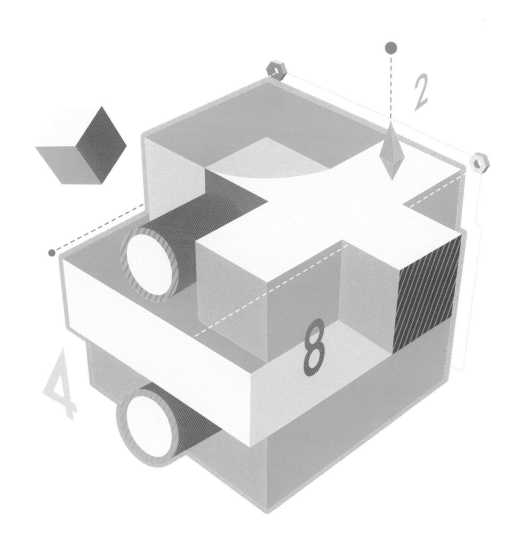

초등2 2호

두 자리 수의 덧셈과 뺄셈

1주 두 자리 수의 덧셈 (1)

❶
□
```
  2 4
+ 6 7
```
□□

❷
□
```
  3 8
+ 1 9
```
□□

❸
□
```
  4 5
+ 3 7
```
□□

❹
□
```
  5 6
+ 2 5
```
□□

❺
```
  3 8
+ 7 1
```
□□□

❻
```
  6 2
+ 7 5
```
□□□

❼
```
  9 3
+ 6 3
```
□□□

❽
```
  8 7
+ 8 1
```
□□□

❾
□
```
  4 7
+ 8 4
```
□□□

❿
□
```
  5 9
+ 6 3
```
□□□

⓫
□
```
  8 6
+ 5 7
```
□□□

⓬
□
```
  3 2
+ 8 8
```
□□□

⓭
□
```
  4 6
+ 3 9
```
□□

⓮
□
```
  7 5
+ 1 6
```
□□

⓯
□
```
  3 4
+ 3 8
```
□□

⓰
□
```
  2 9
+ 2 9
```
□□

⑰
```
   4 2
 + 3 7
```

⑱
```
   5 7
 + 1 8
```

⑲
```
   3 5
 + 2 8
```

⑳
```
   2 3
 + 6 8
```

㉑
```
   4 6
 + 7 3
```

㉒
```
   8 5
 + 9 4
```

㉓
```
   6 6
 + 7 2
```

㉔
```
   3 5
 + 9 1
```

㉕
```
   7 5
 + 8 7
```

㉖
```
   8 8
 + 9 3
```

㉗
```
   4 7
 + 7 4
```

㉘
```
   5 9
 + 6 9
```

㉙
```
   3 4
 + 2 7
```

㉚
```
   5 5
 + 1 6
```

㉛
```
   2 7
 + 3 7
```

㉜
```
   1 9
 + 4 9
```

㉝
```
   7 6
 + 7 6
```

㉞
```
   6 8
 + 8 6
```

㉟
```
   4 9
 + 8 1
```

㊱
```
   3 8
 + 7 5
```

자르는 선

❶
```
  □ 7
+ 3 □
─────
  7 2
```

❷
```
  □ 9
+ 4 □
─────
  8 7
```

❸
```
  □ 6
+ 3 □
─────
  6 4
```

❹
```
  □ 8
+ 5 □
─────
  7 5
```

❺
```
  5 □
+ □ 6
─────
  7 1
```

❻
```
  2 □
+ □ 7
─────
  6 4
```

❼
```
  1 □
+ □ 8
─────
  6 7
```

❽
```
  4 □
+ □ 9
─────
  6 1
```

❾
```
  □ 4
+ 5 8
─────
  9 □
```

❿
```
  □ 7
+ 2 9
─────
  4 □
```

⓫
```
  □ 4
+ 6 6
─────
  9 □
```

⓬
```
  □ 7
+ 4 4
─────
  9 □
```

⓭
```
  1 □
+ 1 5
─────
  □ 3
```

⓮
```
  2 □
+ 5 3
─────
  □ 2
```

⓯
```
  4 □
+ 3 6
─────
  □ 1
```

⓰
```
  5 □
+ 3 9
─────
  □ 7
```

⓱
```
  2 5
+ 1 □
─────
  □ 3
```

⓲
```
  6 9
+ 2 □
─────
  □ 8
```

⓳
```
  3 5
+ □ 8
─────
  8 □
```

⓴
```
  6 2
+ □ 9
─────
  9 □
```

㉑
```
    8  □
 +  □  1
 ─────────
  □  6  8
```

㉒
```
    9  □
 +  □  4
 ─────────
  □  4  7
```

㉓
```
    6  □
 +  □  7
 ─────────
  □  3  9
```

㉔
```
    3  □
 +  □  1
 ─────────
  □  2  9
```

㉕
```
    □  4
 +  6  □
 ─────────
  □  2  9
```

㉖
```
    □  5
 +  9  □
 ─────────
  □  7  8
```

㉗
```
    □  2
 +  5  □
 ─────────
  □  2  9
```

㉘
```
    □  1
 +  9  □
 ─────────
  □  5  2
```

㉙
```
    7  □
 +  □  7
 ─────────
  □  6  5
```

㉚
```
    8  □
 +  □  9
 ─────────
  □  3  8
```

㉛
```
    3  □
 +  □  8
 ─────────
  □  2  6
```

㉜
```
    8  □
 +  □  6
 ─────────
  □  6  5
```

㉝
```
    □  9
 +  5  □
 ─────────
  □  0  7
```

㉞
```
    □  6
 +  7  □
 ─────────
  □  5  3
```

㉟
```
    □  9
 +  9  □
 ─────────
  □  8  7
```

㊱
```
    □  5
 +  9  □
 ─────────
  □  5  4
```

㊲
```
    5  6
 +  □  8
 ─────────
  □  3  □
```

㊳
```
    6  8
 +  8  □
 ─────────
  □  □  7
```

㊴
```
    □  □
 +  9  7
 ─────────
     4  3
```

㊵
```
    8  5
 +  □  □
 ─────────
  □  8  1
```

4

❶　□□
　　8̸　4
－　4　7
　　□□

❷　□□
　　6̸　3
－　4　9
　　□□

❸　□□
　　8̸　6
－　5　7
　　□□

❹　□□
　　8̸　2
－　3　8
　　□□

❺　□□
　　4̸　6
－　1　9
　　□□

❻　□□
　　7̸　5
－　1　6
　　□□

❼　□□
　　7̸　4
－　3　8
　　□□

❽　□□
　　5̸　8
－　2　9
　　□□

❾　□□
　　8̸　6
－　5　8
　　□□

❿　□□
　　9̸　2
－　6　8
　　□□

⓫　□□
　　8̸　5
－　4　7
　　□□

⓬　□□
　　5̸　0
－　2　9
　　□□

⓭　□□
　　4̸　2
－　2　9
　　□□

⓮　□□
　　6̸　4
－　2　7
　　□□

⓯　□□
　　3̸　8
－　1　9
　　□□

⓰　□□
　　5̸　5
－　2　6
　　□□

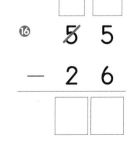

자르는 선

⑰
```
   3 3
 - 1 5
```

⑱
```
   4 2
 - 2 4
```

⑲
```
   5 5
 - 1 9
```

⑳
```
   6 4
 - 4 8
```

㉑
```
   7 1
 - 3 5
```

㉒
```
   4 4
 - 2 7
```

㉓
```
   3 1
 - 1 9
```

㉔
```
   5 2
 - 3 7
```

㉕
```
   8 3
 - 4 6
```

㉖
```
   9 5
 - 1 6
```

㉗
```
   7 5
 - 4 8
```

㉘
```
   6 6
 - 3 9
```

㉙
```
   7 3
 - 5 8
```

㉚
```
   8 1
 - 5 2
```

㉛
```
   9 4
 - 2 7
```

㉜
```
   5 3
 - 3 9
```

㉝
```
   3 0
 - 1 8
```

㉞
```
   4 6
 - 1 7
```

㉟
```
   7 2
 - 5 5
```

㊱
```
   8 8
 - 2 9
```

자르는 선

❶
```
   9 1
 -  2 □
 ─────
   6 2
```

❷
```
   5 8
 -  3 □
 ─────
   1 9
```

❸
```
   9 1
 -  4 □
 ─────
   4 4
```

❹
```
   6 1
 -  1 □
 ─────
   4 2
```

❺
```
   7 □
 -  5 7
 ─────
   1 8
```

❻
```
   6 □
 -  3 8
 ─────
   2 6
```

❼
```
   6 □
 -  4 8
 ─────
   1 9
```

❽
```
   9 □
 -  6 6
 ─────
   2 4
```

❾
```
   □ 1
 -  4 6
 ─────
   4 5
```

❿
```
   □ 3
 -  4 8
 ─────
   3 5
```

⓫
```
   □ 8
 -  2 9
 ─────
   6 9
```

⓬
```
   □ 2
 -  5 3
 ─────
   2 9
```

⓭
```
   4 6
 - □ 9
 ─────
   1 7
```

⓮
```
   6 4
 - □ 7
 ─────
   2 7
```

⓯
```
   8 7
 - □ 8
 ─────
   3 9
```

⓰
```
   7 2
 - □ 5
 ─────
   3 7
```

⓱
```
   □ 1
 -  1 6
 ─────
   5 5
```

⓲
```
   9 □
 -  4 8
 ─────
   4 4
```

⓳
```
   3 3
 - □ 5
 ─────
   1 8
```

⓴
```
   4 3
 -  1 □
 ─────
   2 5
```

월   일

㉑
```
  □ 1
-  6 □
  1 3
```

㉒
```
  □ 7
-  3 □
  1 7
```

㉓
```
  □ 7
-  3 □
  3 8
```

㉔
```
  □ 1
-  2 □
  6 2
```

㉕
```
  6 □
- □ 9
  3 6
```

㉖
```
  9 □
- □ 8
  1 5
```

㉗
```
  5 □
- □ 9
  2 8
```

㉘
```
  9 □
- □ 2
  3 9
```

㉙
```
  □ 5
- 6 7
  1 □
```

㉚
```
  □ 8
- 4 9
  3 □
```

㉛
```
  □ 2
- 2 6
  3 □
```

㉜
```
  □ 6
- 3 8
  3 □
```

㉝
```
  4 □
- 2 6
  □ 9
```

㉞
```
  5 □
- 1 7
  □ 6
```

㉟
```
  8 □
- 2 9
  □ 9
```

㊱
```
  9 □
- 5 9
  □ 5
```

㊲
```
  5 6
- □ 9
  3 □
```

㊳
```
  9 7
- □ 8
  2 □
```

㊴
```
  8 5
- 3 □
  □ 6
```

㊵
```
  6 2
- 4 □
  □ 7
```

자르는 선

❶
$27+59=\boxed{86}$
$59+27=\boxed{}$
$86-27=\boxed{}$
$86-59=\boxed{}$

❷
$70-24=\boxed{46}$
$70-46=\boxed{}$
$24+46=\boxed{}$
$46+24=\boxed{}$

❸
$43-19=\boxed{24}$
$43-24=\boxed{}$
$19+24=\boxed{}$
$24+19=\boxed{}$

❹
$47+28=\boxed{75}$
$28+47=\boxed{}$
$75-47=\boxed{}$
$75-28=\boxed{}$

❺
$65+19=\boxed{84}$
$19+65=\boxed{}$
$84-65=\boxed{}$
$84-19=\boxed{}$

❻
$74-46=\boxed{28}$
$74-28=\boxed{}$
$46+28=\boxed{}$
$28+46=\boxed{}$

자르는 선

❼
- $49 + \boxed{22} = 71$
- $22 + \boxed{} = 71$
- $71 - \boxed{} = 49$
- $71 - \boxed{} = 22$

❽
- $94 - \boxed{27} = 67$
- $94 - \boxed{} = 27$
- $27 + \boxed{} = 94$
- $67 + \boxed{} = 94$

❾
- $53 - \boxed{18} = 35$
- $53 - \boxed{} = 18$
- $35 + \boxed{} = 53$
- $18 + \boxed{} = 53$

❿
- $28 + \boxed{42} = 70$
- $42 + \boxed{} = 70$
- $70 - \boxed{} = 28$
- $70 - \boxed{} = 42$

⓫
- $66 + \boxed{27} = 93$
- $27 + \boxed{} = 93$
- $93 - \boxed{} = 27$
- $93 - \boxed{} = 66$

⓬
- $81 - \boxed{14} = 67$
- $81 - \boxed{} = 14$
- $67 + \boxed{} = 81$
- $14 + \boxed{} = 81$

자르는 선

❶ $47 + 28$

67

☐

❷ $63 + 19$

73

☐

❸ $26 + 35$

56

☐

❹ $54 + 38$

6 ☐

60

☐

❺ $27 + 39$

3 ☐

30

☐

❻ $48 + 24$

2 ☐

50

☐

❼ $54 + 27$

☐ -3

84

☐

❽ $69 + 29$

☐ -1

99

☐

❾ $45 + 39$

☐ -1

85

☐

❿ $57 + 14$

67

☐

⓫ $39 + 15$

1 ☐

40

☐

⓬ $25 + 48$

☐ -2

75

☐

자르는 선

⑬ 82 − 37
52

⑭ 64 − 26
44

⑮ 35 − 17
25

⑯ 55 − 36
31
50

⑰ 73 − 27
24
70

⑱ 42 − 29
27
40

⑲ 73 − 29
−30 +
43

⑳ 64 − 38
−40 +
24

㉑ 92 − 57
−60 +
32

㉒ 72 − 53
22

㉓ 65 − 57
52
60

㉔ 41 − 29
−30 +
11

식으로 표현하기

❶

27   35

62

$$27 + 35 = 62$$
$$35 + 27 = 62$$
$$62 - 27 = 35$$
$$62 - 35 = 27$$

❷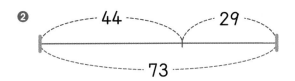

44   29

73

☐ + ☐ = ☐
☐ + ☐ = ☐
☐ − ☐ = ☐
☐ − ☐ = ☐

❸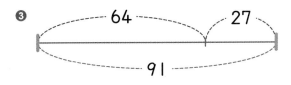

64   27

91

☐ + ☐ = ☐
☐ + ☐ = ☐
☐ − ☐ = ☐
☐ − ☐ = ☐

❹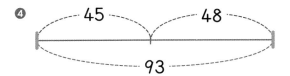

45   48

93

☐ + ☐ = ☐
☐ + ☐ = ☐
☐ − ☐ = ☐
☐ − ☐ = ☐

자르는 선

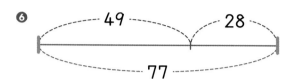

❺
29 ⌣ 38
67

□ + □ = □

□ + □ = □

□ − □ = □

□ − □ = □

❻
49 ⌣ 28
77

□ + □ = □

□ + □ = □

□ − □ = □

□ − □ = □

❼
35 ⌣ 36
71

□ + □ = □

□ + □ = □

□ − □ = □

□ − □ = □

❽
52 ⌣ 28
80

□ + □ = □

□ + □ = □

□ − □ = □

□ − □ = □

자르는 선

8주

①
2
4
8

$$
\begin{array}{r}
\boxed{2}\ 7 \\
+\ 5\ \boxed{4} \\
\hline
\boxed{8}\ 1
\end{array}
$$

②
2
6
8

$$
\begin{array}{r}
\boxed{}\ 7 \\
+\ 5\ \boxed{} \\
\hline
\boxed{}\ 3
\end{array}
$$

③
3
5
7

$$
\begin{array}{r}
3\ \boxed{} \\
+\ \boxed{}\ 6 \\
\hline
9\ \boxed{}
\end{array}
$$

④
1
4
8

$$
\begin{array}{r}
7\ \boxed{} \\
+\ \boxed{}\ 6 \\
\hline
9\ \boxed{}
\end{array}
$$

⑤
2
3
8

$$
\begin{array}{r}
\boxed{}\ 5 \\
+\ 1\ \boxed{} \\
\hline
4\ \boxed{}
\end{array}
$$

⑥
4
5
9

$$
\begin{array}{r}
\boxed{}\ 6 \\
+\ 2\ \boxed{} \\
\hline
7\ \boxed{}
\end{array}
$$

⑦
1
5
8

$$
\begin{array}{r}
3\ \boxed{} \\
+\ \boxed{}\ 9 \\
\hline
\boxed{}\ 7
\end{array}
$$

⑧
3
5
8

$$
\begin{array}{r}
4\ \boxed{} \\
+\ \boxed{}\ 7 \\
\hline
\boxed{}\ 2
\end{array}
$$

⑨
6
7
9

$$
\begin{array}{r}
\boxed{}\ 5 \\
+\ 1\ \boxed{} \\
\hline
\boxed{}\ 1
\end{array}
$$

⑩
2
3
4

$$
\begin{array}{r}
3\ \boxed{} \\
+\ \boxed{}\ 8 \\
\hline
7\ \boxed{}
\end{array}
$$

자르는 선

⑪

| 1 3 8 |

```
    □ 0
 −  1 □
   □  2
```

⑫

| 2 4 7 |

```
    □ 6
 −  1 □
   □  9
```

⑬

| 2 8 9 |

```
    8 □
 −  □ 9
    5 □
```

⑭

| 4 5 6 |

```
    7 □
 −  □ 8
    1 □
```

⑮

| 3 7 8 |

```
    □ 3
 −  4 □
    □ 6
```

⑯

| 7 8 9 |

```
    □ 4
 −  1 □
    □ 6
```

⑰

| 1 3 6 |

```
    6 □
 −  □ 5
    2 □
```

⑱

| 1 4 7 |

```
    4 □
 −  □ 7
    2 □
```

⑲

| 1 3 5 |

```
    □ 3
 −  1 □
    □ 8
```

⑳

| 2 3 8 |

```
    5 □
 −  □ 4
    1 □
```

정 답

1주 두 자리 수의 덧셈 (1)
1~2쪽

❶ 1,91 ❷ 1,57 ❸ 1,82 ❹ 1,81 ❺ 109 ❻ 137 ❼ 156 ❽ 168 ❾ 1,131 ❿ 1,122
⓫ 1,143 ⓬ 1,120 ⓭ 1,85 ⓮ 1,91 ⓯ 1,72 ⓰ 1,58 ⓱ 79 ⓲ 75 ⓳ 63 ⓴ 91
㉑ 119 ㉒ 179 ㉓ 138 ㉔ 126 ㉕ 162 ㉖ 181 ㉗ 121 ㉘ 128 ㉙ 61 ㉚ 71 ㉛ 64 ㉜ 68
㉝ 152 ㉞ 154 ㉟ 130 ㊱ 113

2주 두 자리 수의 덧셈 (2)
3~4쪽

❶ 3,5 ❷ 3,8 ❸ 2,8 ❹ 1,7 ❺ 5,1 ❻ 7,3 ❼ 9,4 ❽ 2,1 ❾ 3,2 ❿ 1,6 ⓫ 2,0 ⓬ 4,1
⓭ 8,3 ⓮ 9,8 ⓯ 5,8 ⓰ 8,9 ⓱ 8,4 ⓲ 9,9 ⓳ 4,3 ⓴ 2,1 ㉑ 7,8,1 ㉒ 3,5,1
㉓ 2,7,1 ㉔ 8,9,1 ㉕ 6,5,1 ㉖ 8,3,1 ㉗ 7,7,1 ㉘ 6,1,1
㉙ 8,8,1 ㉚ 9,4,1 ㉛ 8,8,1 ㉜ 9,7,1 ㉝ 4,8,1 ㉞ 7,7,1
㉟ 8,8,1 ㊱ 5,9,1 ㊲ 7,1,4 ㊳ 9,1,5 ㊴ 4,6,1 ㊵ 9,6,1

3주 두 자리 수의 뺄셈 (1)
5~6쪽

❶ 7,10,3,7 ❷ 5,10,1,4 ❸ 7,10,2,9 ❹ 7,10,4,4 ❺ 3,10,2,7 ❻ 6,10,5,9
❼ 6,10,3,6 ❽ 4,10,2,9 ❾ 7,10,2,8 ❿ 8,10,2,4 ⓫ 7,10,3,8 ⓬ 4,10,2,1
⓭ 3,10,1,3 ⓮ 5,10,3,7 ⓯ 2,10,1,9 ⓰ 4,10,2,9 ⓱ 18 ⓲ 18 ⓳ 36 ⓴ 16
㉑ 36 ㉒ 17 ㉓ 12 ㉔ 15 ㉕ 37 ㉖ 79 ㉗ 27 ㉘ 27 ㉙ 15 ㉚ 29 ㉛ 67 ㉜ 14
㉝ 12 ㉞ 29 ㉟ 17 ㊱ 59

4주 두 자리 수의 뺄셈 (2)
7~8쪽

❶ 9 ❷ 9 ❸ 7 ❹ 9 ❺ 5 ❻ 4 ❼ 7 ❽ 0 ❾ 9 ❿ 8 ⓫ 9 ⓬ 8
⓭ 2 ⓮ 3 ⓯ 4 ⓰ 3 ⓱ 7 ⓲ 2 ⓳ 1 ⓴ 8 ㉑ 8,8 ㉒ 4,0 ㉓ 7,9 ㉔ 9,9
㉕ 5,2 ㉖ 3,7 ㉗ 7,2 ㉘ 1,5 ㉙ 8,8 ㉚ 8,9 ㉛ 6,6 ㉜ 7,8 ㉝ 5,1 ㉞ 3,3 ㉟ 8,5 ㊱ 4,3
㊲ 1,7 ㊳ 6,9 ㊴ 9,4 ㊵ 5,1

5주 두 자리 수의 덧셈과 뺄셈
9~10쪽

❶ 86,86,59,27 ❷ 46,24,70,70 ❸ 24,19,43,43 ❹ 75,75,28,47
❺ 84,84,19,65 ❻ 28,46,74,74 ❼ 22,49,22,49 ❽ 27,67,67,27
❾ 18,35,18,35 ❿ 42,28,42,28 ⓫ 27,66,66,27 ⓬ 14,67,14,67

6주 여러 가지 계산 방법
11~12쪽

❶ 75 ❷ 82 ❸ 61 ❹ 32,92 ❺ 36,66 ❻ 22,72 ❼ 30,81 ❽ 30,98
❾ 40,84 ❿ 71 ⓫ 14,54 ⓬ 50,73 ⓭ 45 ⓮ 38 ⓯ 18 ⓰ 5,19
⓱ 3,46 ⓲ 2,13 ⓳ 1,44 ⓴ 2,26 ㉑ 3,35 ㉒ 19 ㉓ 5,8 ㉔ 1,12

7주 식으로 표현하기
13~14쪽

❶ 27+35=62, 35+27=62, 62−27=35, 62−35=27 ❷ 44+29=73, 29+44=73,
73−44=29, 73−29=44 ❸ 64+27=91, 27+64=91, 91−64=27, 91−27=64
❹ 45+48=93, 48+45=93, 93−45=48, 93−48=45 ❺ 29+38=67, 38+29=67,
67−29=38, 67−38=29 ❻ 49+28=77, 28+49=77, 77−49=28, 77−28=49
❼ 35+36=71, 36+35=71, 71−35=36, 71−36=35 ❽ 52+28=80, 28+52=80,
80−52=28, 80−28=52

8주 문해결 연산
15~16쪽

❶ 2,4,8 ❷ 2,6,8 ❸ 7,5,3 ❹ 8,1,4 ❺ 2,8,3 ❻ 4,9,5
❼ 8,1,5 ❽ 5,3,8 ❾ 7,6,9 ❿ 4,3,2 ⓫ 3,8,1 ⓬ 4,7,2
⓭ 8,2,9 ⓮ 4,5,6 ⓯ 8,7,3 ⓰ 9,8,7 ⓱ 1,3,6 ⓲ 4,1,7
⓳ 3,5,1 ⓴ 2,3,8

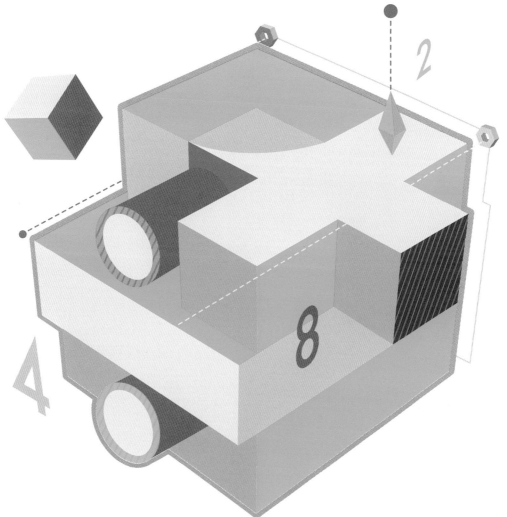

사고셈

초등2 2호

이 책의 **구성과 특징**

생각의 힘을 키우는 사고(思考)셈은 1주 4개, 8주 32개의 사고력 유형 학습을 통해 수와 연산에 대한 개념의 응용력(추론 및 문제해결능력)을 키울 수 있도록 하였습니다.

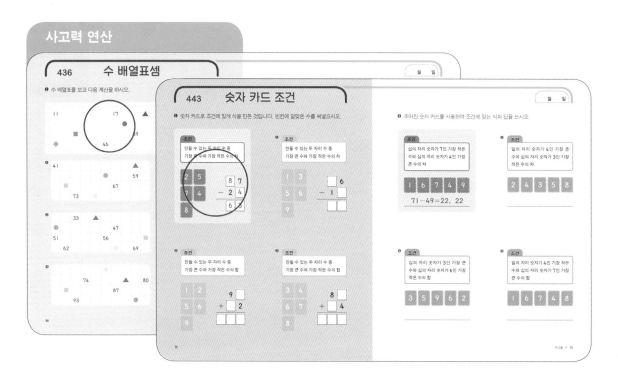

◈ 대표 사고력 유형으로 연산 원리를 쉽게쉽게
◈ 1~4일차: 다양한 유형의 주 진도 학습

◈ 5일차 점검 학습: 주 진도 학습 확인

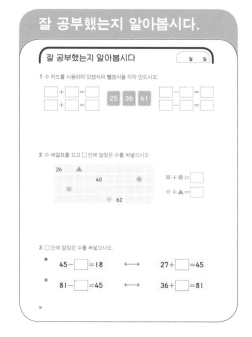

○ 권두부록 (기본연산 Check-Book)

기본연산 Check-Book

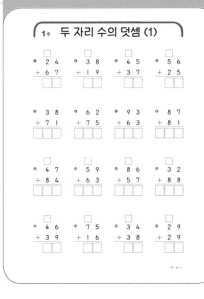

◈ 본 학습 전 기본연산 실력 진단

○ 권말부록 (G-Book)

Guide Book(정답 및 해설)

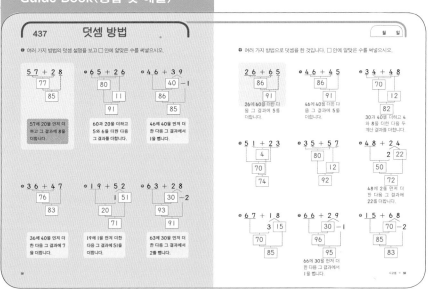

◈ 문제와 답을 한 눈에!
◈ 상세한 풀이와 친절한 해설, 답

학습 효과 및 활용법

········· ▲ 학습 효과

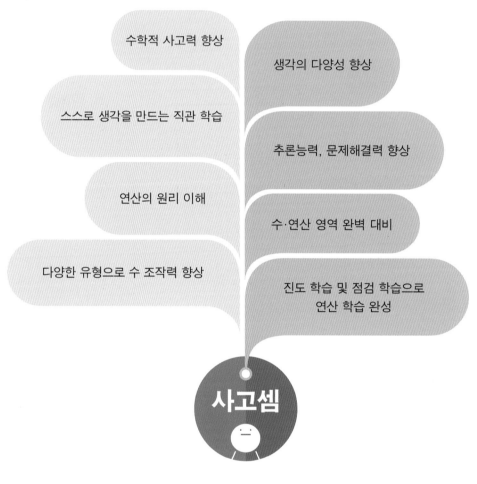

수학적 사고력 향상

생각의 다양성 향상

스스로 생각을 만드는 직관 학습

추론능력, 문제해결력 향상

연산의 원리 이해

수·연산 영역 완벽 대비

다양한 유형으로 수 조작력 향상

진도 학습 및 점검 학습으로
연산 학습 완성

사고셈

········· ▲ 주차별 활용법

1단계
기본연산
Check-Book으로
준비 학습

→

2단계
사고력 유형으로
진도 학습

→

3단계
마무리 문제로
점검 학습

1단계 : 기본연산 Check-Book으로 사고력 연산을 위한 준비 학습을 합니다.
2단계 : 사고력 유형으로 사고력 연산의 진도 학습을 합니다.
3단계 : 한 주마다 점검 학습(잘 공부했는지 알아봅시다)으로 사고력 향상을 확인합니다.

학습 구성

이 책의 **학습 로드맵**

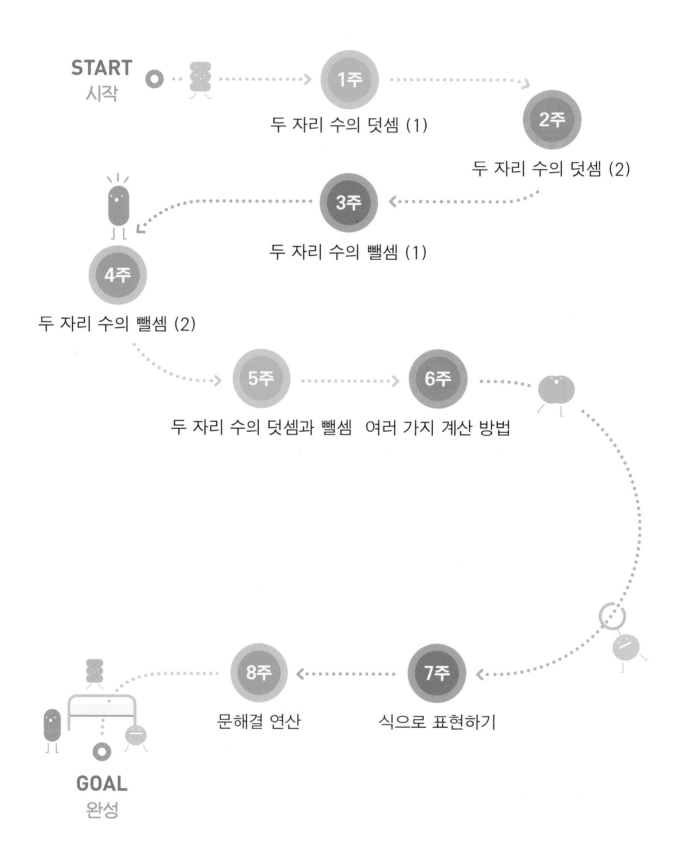

START
시작

1주
두 자리 수의 덧셈 (1)

2주
두 자리 수의 덧셈 (2)

3주
두 자리 수의 뺄셈 (1)

4주
두 자리 수의 뺄셈 (2)

5주
두 자리 수의 덧셈과 뺄셈

6주
여러 가지 계산 방법

7주
식으로 표현하기

8주
문해결 연산

GOAL
완성

1 두 자리 수의 덧셈 (1)

세로 덧셈

● □ 안에 알맞은 수를 써넣으시오.

```
      1
    3 6
  + 1 7
  ┌─┬─┐
  │5│3│
  └─┴─┘
```

❶
```
    ┌─┐
    └─┘
    4 8
  + 3 7
  ┌─┬─┐
  │ │ │
  └─┴─┘
```

❷
```
    ┌─┐
    └─┘
    5 6
  + 2 5
  ┌─┬─┐
  │ │ │
  └─┴─┘
```

```
    7 3
  + 8 2
  ┌─┬─┬─┐
  │1│5│5│
  └─┴─┴─┘
```

❸
```
    6 7
  + 5 1
  ┌─┬─┬─┐
  │ │ │ │
  └─┴─┴─┘
```

❹
```
    3 5
  + 9 2
  ┌─┬─┬─┐
  │ │ │ │
  └─┴─┴─┘
```

```
      1
    4 5
  + 7 8
  ┌─┬─┬─┐
  │1│2│3│
  └─┴─┴─┘
```

❺
```
    ┌─┐
    └─┘
    5 5
  + 8 9
  ┌─┬─┬─┐
  │ │ │ │
  └─┴─┴─┘
```

❻
```
    ┌─┐
    └─┘
    6 8
  + 5 3
  ┌─┬─┬─┐
  │ │ │ │
  └─┴─┴─┘
```

❼
```
    ┌─┐
    └─┘
    3 4
  + 3 8
  ┌─┬─┐
  │ │ │
  └─┴─┘
```

❽
```
    2 7
  + 9 1
  ┌─┬─┬─┐
  │ │ │ │
  └─┴─┴─┘
```

❾
```
    ┌─┐
    └─┘
    4 5
  + 7 8
  ┌─┬─┬─┐
  │ │ │ │
  └─┴─┴─┘
```

➕ 세로셈으로 고쳐 계산하시오.

24＋19＝ 43

```
  2 4
+ 1 9
─────
  4 3
```

❶ 37＋82＝ ☐

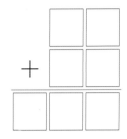

❷ 76＋87＝ ☐

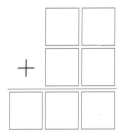

❸ 37＋56＝ ☐

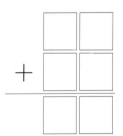

❹ 82＋64＝ ☐

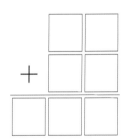

❺ 92＋68＝ ☐

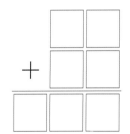

❻ 37＋24＝ ☐

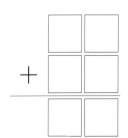

❼ 84＋92＝ ☐

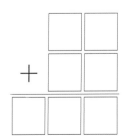

❽ 54＋69＝ ☐

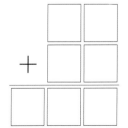

갈림길

● 계산에 맞게 선을 그으시오.

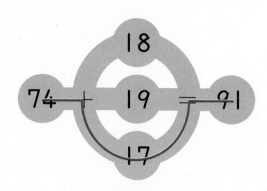

18
74 + 19 = 91
17

①
38
42 + 35 = 80
32

②
26
65 + 19 = 84
21

③
30
59 + 33 = 93
34

④
57
16 + 55 = 73
59

⑤
47
37 + 44 = 81
48

⑥
13
78 + 15 = 90
12

⑦
64
18 + 66 = 82
69

✦ 계산에 맞게 빈칸에 알맞은 수를 써넣으시오.

$65 + 10 = 75$
$65 + 31 = 96$
$65 + 29 = 94$

❶
$15 + 30 =$
$15 + 23 =$
$15 + 37 =$

❷
$23 + 54 =$
$23 + 57 =$
$23 + 59 =$

❸
$46 + 12 =$
$46 + 24 =$
$46 + 37 =$

❹
$57 + 22 =$
$57 + 34 =$
$57 + 16 =$

❺
$62 + 18 =$
$62 + 24 =$
$62 + 29 =$

과녁셈

❶ 화살이 꽂힌 부분의 수의 합을 가운데 ◯에 써넣으시오.

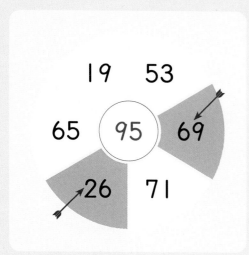

19　53
65　⑤95　69
26　71

❶
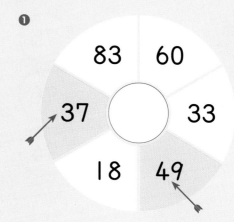

83　60
37　　33
18　49

❷

45　74
58　　12
37　46

❸
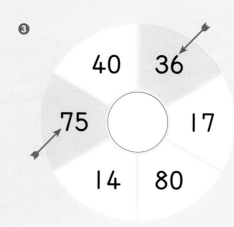

40　36
75　　17
14　80

❹

67　16
87　　93
63　12

❺
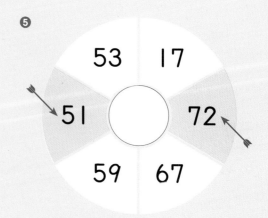

53　17
51　　72
59　67

✛ 수의 합이 가운데 수가 되도록 두 수를 골라 ○표 하시오.

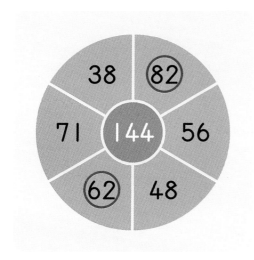

38   (82)

71   (144)   56

(62)   48

❶
15   20

40   (61)   34

45   27

❷
91   65

41   (131)   25

40   50

❸
37   17

39   (97)   45

60   42

❹
24   20

68   (105)   37

76   59

❺
58   60

85   (135)   77

35   41

풍선 잇기

● 합이 ⬭ 안의 수가 되는 두 수를 찾아 선으로 이으시오.

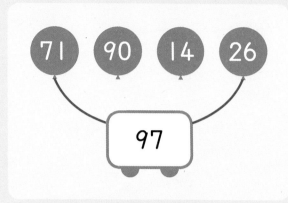

71 90 14 26

97

❶

35 43 89 62

78

❷

82 57 20 18

75

❸

45 76 69 38

145

❹

77 36 21 68

89

❺

92 54 83 29

137

❻

65 53 12 24

118

❼

79 91 47 81

160

● 합이 ◯ 안의 수가 되는 두 수를 찾아 선으로 이으시오.

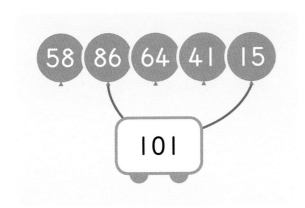

❶

72

❷

50

❸ 33 59 17 75 20

134

❹

155

❺ 44 13 28 52 63

107

❻

83

❼ 63 73 99 24 51

124

1 오른쪽 계산에서 □ 안의 숫자 1이 실제로 나타내는 수는
얼마입니까?

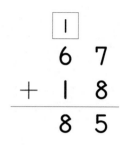

```
    1
    6  7
+   1  8
―――――――
    8  5
```

2 □ 안에 알맞은 숫자를 써넣으시오.

❶
```
  □  6
+ 4  □
―――――
  8  2
```

❷
```
  2  7
+ 6  □
―――――
  □  1
```

3 계산 결과가 큰 것부터 차례로 기호를 써 보시오.

 36+49    54+29   ㉢ 18+79

4 수 카드에서 합이 **62**가 되는 두 수를 찾아 ○표 하시오.

| 73 | 34 | 19 | 47 | 28 | 59 |

2 두 자리 수의
덧셈 (2)

체인지셈

● 색칠된 두 숫자를 바꾸어 계산하시오.

	6	2
+	1	7
	7	9

→

	7	2
+	1	6
	8	8

❶

	9	7
+	2	1
1	1	8

→

❷

	6	5
+	2	8
	9	3

→

❸

	8	8
+	3	2
1	2	0

→

❹

	3	9
+	5	4
	9	3

→

❺

	2	4
+	7	6
1	0	0

→

❻

	4	3
+	9	2
1	3	5

→

❼

	6	7
+	1	9
	8	6

→

● 다음 식은 숫자 두 개가 바뀐 것입니다. 바뀐 숫자에 ○표 하고 바르게 고치시오.

```
    3 6              3 6
 +  ⑤ ②    →     +  2 5
 ─────            ─────
    6 1              6 1
```

❶
```
    4 3
 +  5 7    →
 ─────
    9 1
```

❷
```
    2 4
 +  7 1    →
 ─────
    8 6
```

❸
```
    1 9
 +  8 5    →
 ─────
    7 7
```

❹
```
    6 3
 +  9 1    →
 ─────
  1 2 7
```

❺
```
    5 6
 +  3 1    →
 ─────
    5 1
```

❻
```
    8 2
 +  1 4    →
 ─────
  1 0 5
```

❼
```
    8 1
 +  4 6    →
 ─────
  1 4 5
```

큰 합 작은 합

● 선으로 연결된 두 수의 합을 쓰시오.

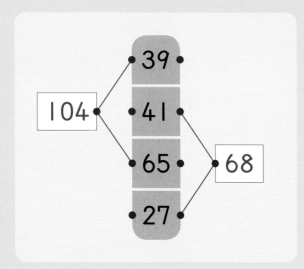

❶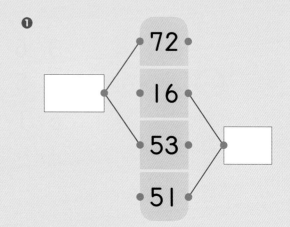

❷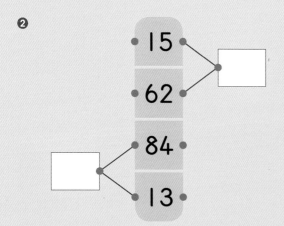

❸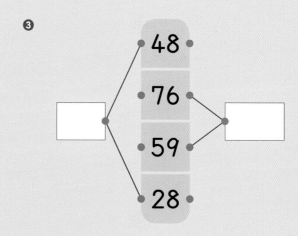

❹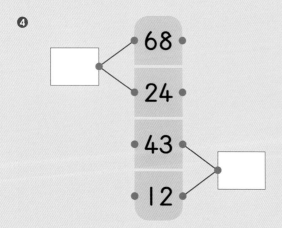

❺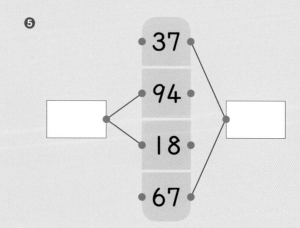

오른쪽에는 가장 큰 합, 왼쪽에는 가장 작은 합을 쓰고 선으로 연결하시오.

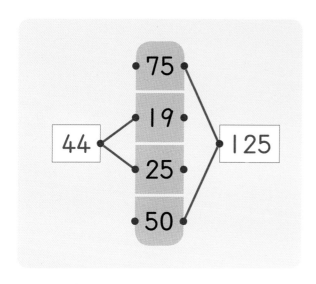

❶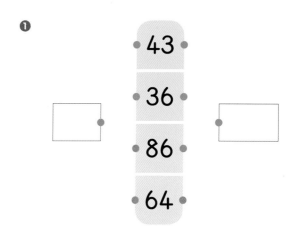

❷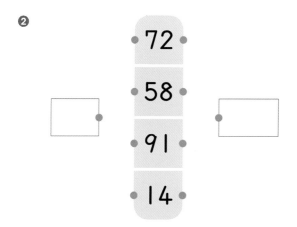

❸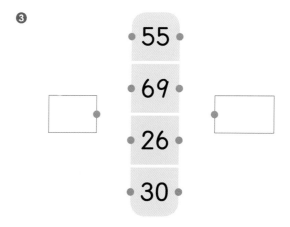

❹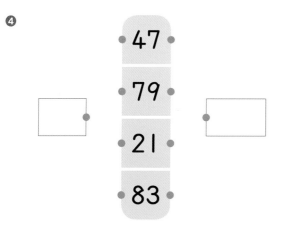

❺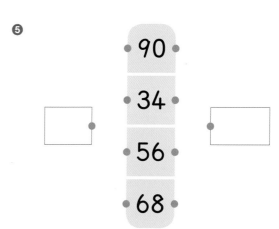

숫자 카드 벌레셈

● 숫자 카드 중 두 장 또는 세 장을 사용하여 덧셈식을 완성하시오.

보기

카드: 3 8 9 1 5 2

```
   8 8
+  5 9
-------
 1 4 7
```

❶ 카드: 2 8 0 1 5 7

```
   1 □
+  □ 4
-------
 1 □ 1
```

❷ 카드: 3 7 8 6 5 1

```
   3 □
+  □ 7
-------
   9 8
```

❸ 카드: 1 5 6 2 9 3

```
   □ 5
+  4 □
-------
 □ 3 7
```

❹ 카드: 6 9 4 8 2 7

```
   □ 4
+  2 □
-------
   9 2
```

❺ 카드: 5 1 6 4 8 9

```
   7 □
+  □ 3
-------
 □ 3 2
```

❖ 숫자 카드를 한 번씩 모두 사용하여 덧셈식을 완성하시오.

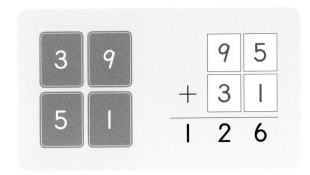

❶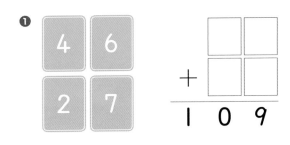

❷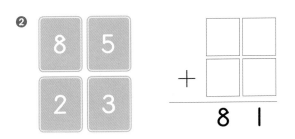

❸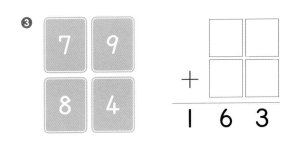

❹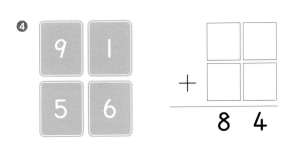

❺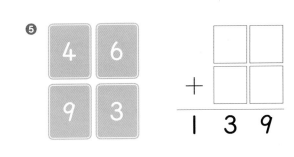

❻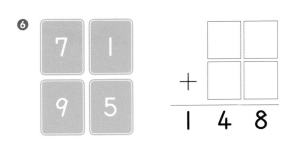

❼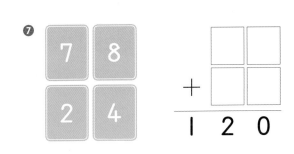

막대셈

● 빈칸에 알맞은 수를 써넣으시오.

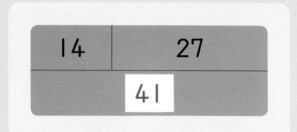

14	27
41	

❶

62	30

❷

43	58

❸

78	92

❹

85	69

❺

16	55

❻

72	38

❼

94	25

❽

59	58

❾

42	66

빈칸에 알맞은 수를 써넣으시오.

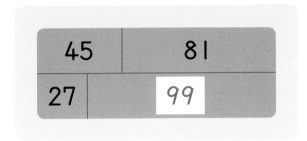

45	81
27	**99**

①

28	95
91	32

②

67	13
55	25

③

79	54
32	**101**

④

34	48
20	**62**

⑤

83	26
74	35

⑥

59	75
103	31

⑦

17	97
52	**62**

⑧

37	46
20	**63**

⑨

83	72
113	42

1 숫자 카드 중 세 장을 사용하여 덧셈식을 완성하시오.

2 다음 수 중 두 수를 골라 덧셈을 합니다. 합이 가장 클 때의 값과 가장 작을 때의 값을 각각 구하시오.

3 진수와 명희는 수 카드를 두 장씩 가지고 있습니다. 진수가 가진 카드에 있는 두 수의 합은 명희가 가진 카드에 있는 두 수의 합과 같습니다. 명희가 가진 뒤집어진 카드에 적힌 수는 얼마인지 구하시오.

4 정수는 숫자 카드로 덧셈식을 만들었는데 동생이 카드 두 장을 바꾸어 놓았습니다. 바뀐 카드에 ◯표 하고 바르게 고치시오.

3 두 자리 수의 뺄셈 (1)

세로 뺄셈

● □ 안에 알맞은 수를 써넣으시오.

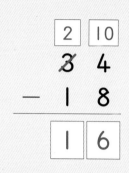

```
  2  10
  3  4
-  1  8
  1  6
```

①
```
□ □
8 2
- 6 5
□ □
```

②
```
□ □
4 5
- 2 9
□ □
```

③
```
□ □
9 6
- 4 7
□ □
```

④
```
□ □
6 3
- 3 6
□ □
```

⑤
```
□ □
7 1
- 1 4
□ □
```

⑥
```
□ □
8 7
- 5 9
□ □
```

⑦
```
□ □
3 0
- 1 3
□ □
```

⑧
```
□ □
9 2
- 6 8
□ □
```

⑨
```
□ □
6 2
- 1 7
□ □
```

⑩
```
□ □
4 1
- 2 7
□ □
```

⑪
```
□ □
8 6
- 3 9
□ □
```

✚ 세로셈으로 고쳐 계산하시오.

$42-24=\boxed{18}$

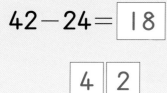

❶ $81-65=\boxed{}$

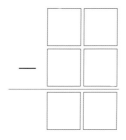

❷ $95-58=\boxed{}$

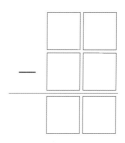

❸ $31-17=\boxed{}$

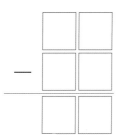

❹ $44-28=\boxed{}$

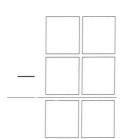

❺ $53-16=\boxed{}$

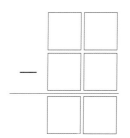

❻ $35-19=\boxed{}$

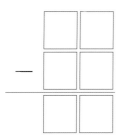

❼ $50-37=\boxed{}$

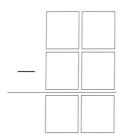

❽ $66-29=\boxed{}$

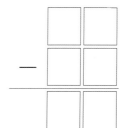

계단셈

● 빈칸에 알맞은 수를 써넣으시오.

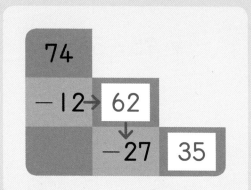

74
−12 → 62
−27 → 35

①
67
−19 → ☐
−23 → ☐

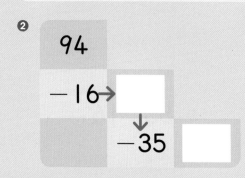

②
94
−16 → ☐
−35 → ☐

③
88
−37 → ☐
−23 → ☐

④
62
−27 → ☐
−19 → ☐

⑤
71
−38 → ☐
−26 → ☐

⑥
82
−26 → ☐
−50 → ☐

⑦
59
−14 → ☐
−27 → ☐

⊕ 빈칸에 알맞은 수를 써넣으시오.

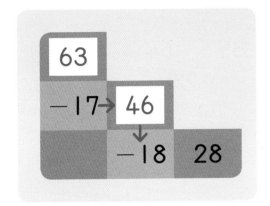

❶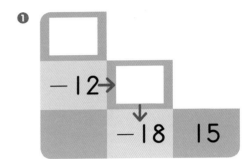

❷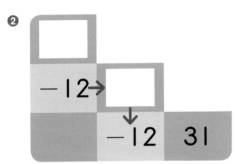

❸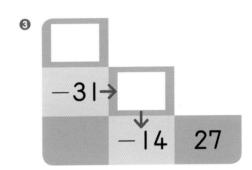

❹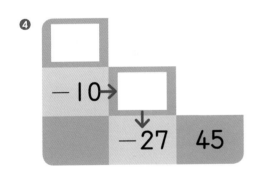

❺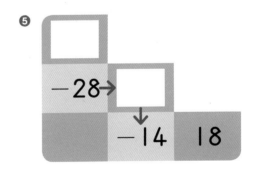

❻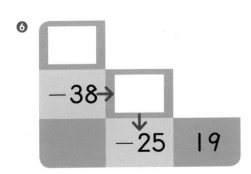

❼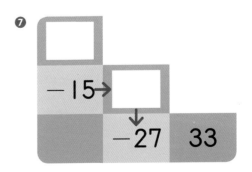

427 역피라미드 뺄셈

● 아래의 수는 선으로 연결된 두 수의 차입니다. 빈칸을 채우시오.

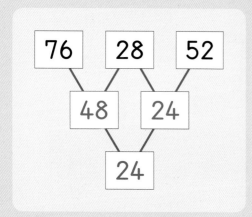

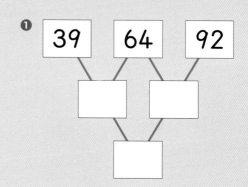

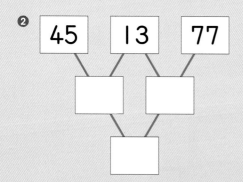

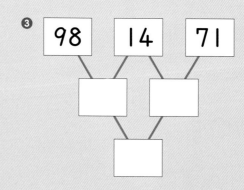

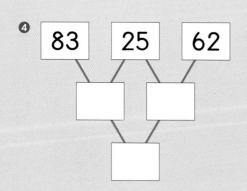

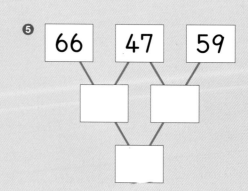

⊕ 아래의 수는 선으로 연결된 두 수의 차입니다. 빈칸을 채우시오.

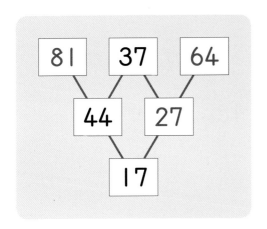

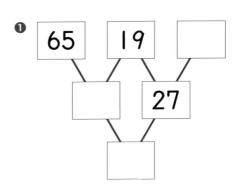

❷

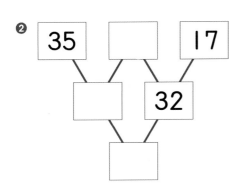

❸

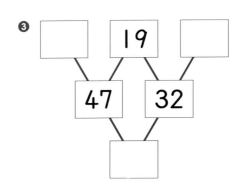

❹

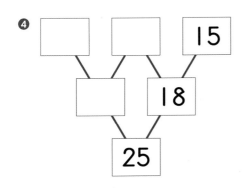

❺

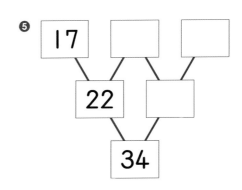

뺄셈표

● 뺄셈표의 빈칸에 알맞은 수를 써넣으시오.

−	15	34	41
56	41	22	15
67	52	33	26

①

−	17	29	46
48			
76			

②

−	18	27	39
59			
72			

③

−	32	43	57
61			
79			

④

−	59	65	73
78			
81			
94			

⑤

−	16	24	35
42			
53			
67			

빼셈표의 빈칸에 알맞은 수를 써넣으시오.

−	13	26	33
45	32	19	12
52	39	26	19

❶

−		58	
	15	6	
88			26

❷

−	14		27
51		14	
	55		

❸

−			44
	19		2
		55	47

❹

−		25	
		17	
58			
65	46		27

❺

−		69	
71	14		1
		18	
	36		

1 □ 안에 알맞은 수를 써넣으시오.

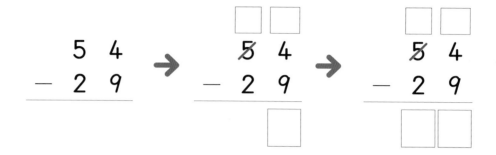

2 관계 있는 것끼리 선으로 이으시오.

41－13	55－19	62－37

92－56	87－59	74－49

3 빈칸에 알맞은 수를 써넣으시오.

❶

60	31
42	

❷

82	55
	39

4 두 자리 수의 뺄셈 (2)

체인지셈

● 색칠된 두 숫자를 바꾸어 계산하시오.

```
  5 2          3 2
- 1 3    →   - 1 5
  3 9          1 7
```

①
```
  8 4
- 2 7    →
  5 7
```

②
```
  4 1
- 3 9    →
    2
```

③
```
  9 5
- 6 8    →
  2 7
```

④
```
  7 6
- 2 5    →
  5 1
```

⑤
```
  8 9
- 1 4    →
  7 5
```

⑥
```
  5 2
- 3 7    →
  1 5
```

⑦
```
  6 1
- 4 8    →
  1 3
```

➕ 다음 식은 숫자 두 개가 바뀐 것입니다. 바뀐 숫자에 ○표 하고 바르게 고치시오.

```
    6  3              6  3
 - ④ ②     →      -  2  4
 ─────            ─────
    3  9              3  9
```

❶
```
    5  7
 -  1  6     →
 ─────
    5  2
```

❷
```
    8  1
 -  7  9     →
 ─────
    1  8
```

❸
```
    5  3
 -  2  6     →
 ─────
    1  6
```

❹
```
    9  4
 -  3  4     →
 ─────
    4  9
```

❺
```
    6  4
 -  1  5     →
 ─────
    1  3
```

❻
```
    8  7
 -  1  9     →
 ─────
    5  9
```

❼
```
    7  5
 -  2  9     →
 ─────
    6  8
```

큰 차 작은 차

◑ 오른쪽은 가장 큰 차, 왼쪽은 가장 작은 차가 나오도록 두 수를 연결한 것입니다.
빈칸을 채우시오.

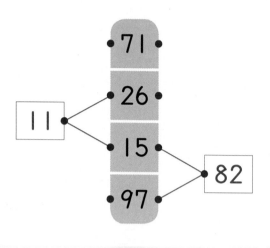

❶
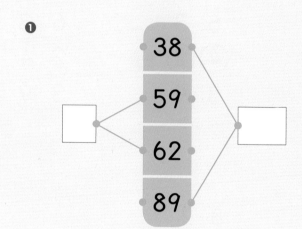

❷
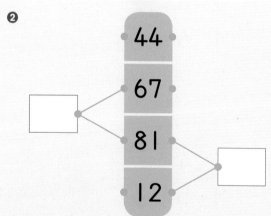

❸
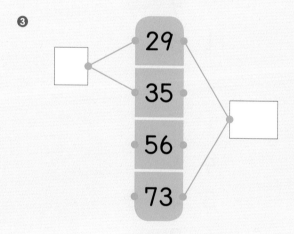

❹
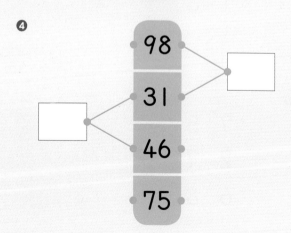

❺
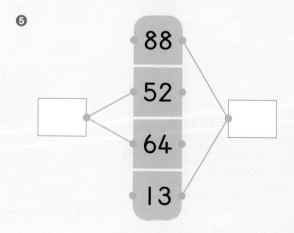

➕ 오른쪽은 가장 큰 차, 왼쪽은 가장 작은 차가 나오도록 두 수를 연결한 것입니다.
빈칸을 채우시오.

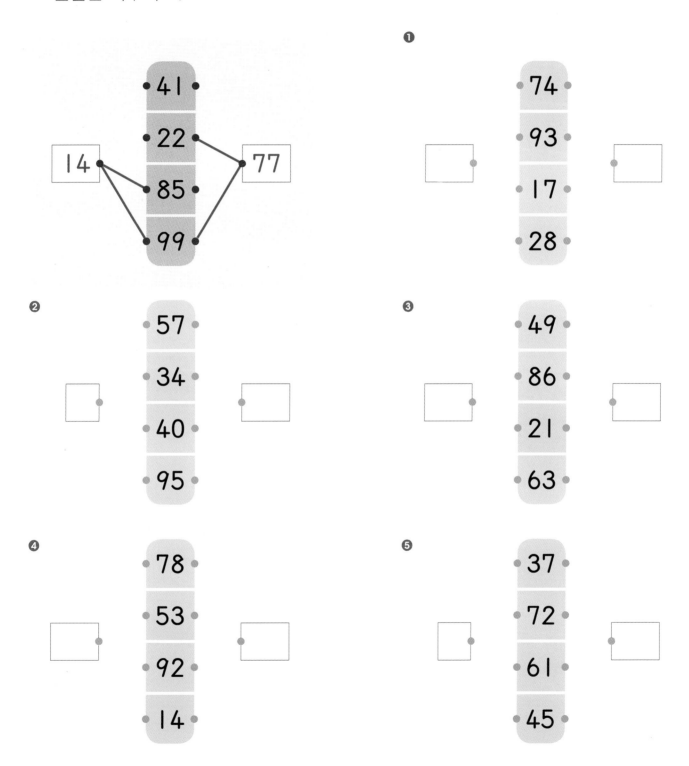

❶

❷

❸

❹

❺

431 수 카드 식완성

● 수 카드 중 두 장을 사용하여 식을 완성하시오.

47 16 91

$\boxed{91} - \boxed{47} = 44$

❶ 51 84 23

$\boxed{} - \boxed{} = 61$

❷ 32 58 76

$\boxed{} - \boxed{} = 26$

❸ 82 43 25

$\boxed{} - \boxed{} = 18$

❹ 70 27 33

$\boxed{} - \boxed{} = 37$

❺ 54 87 11

$\boxed{} - \boxed{} = 76$

❻ 95 68 42

$\boxed{} - \boxed{} = 26$

❼ 39 80 55

$\boxed{} - \boxed{} = 16$

✚ 수 카드 중 세 장을 사용하여 식을 완성하시오.

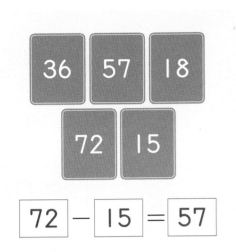

$$72 - 15 = 57$$

❶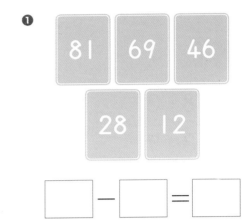

$$\boxed{} - \boxed{} = \boxed{}$$

❷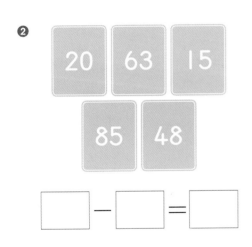

$$\boxed{} - \boxed{} = \boxed{}$$

❸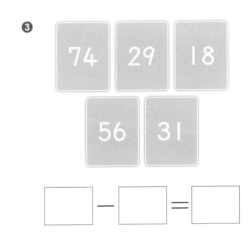

$$\boxed{} - \boxed{} = \boxed{}$$

❹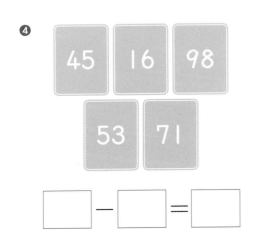

$$\boxed{} - \boxed{} = \boxed{}$$

❺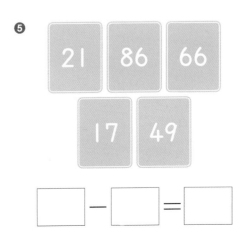

$$\boxed{} - \boxed{} = \boxed{}$$

숫자 카드 목표수

● 숫자 카드를 모두 한 번씩 사용하여 뺄셈식을 완성하시오.

4 8 7

```
  8 3
-  3 7
---------
  4 6
```

❶ 4 1 3

```
  9 □
- □ 7
---------
  5 □
```

❷ 4 6 8

```
  □ 5
- 1 □
---------
  □ 7
```

❸ 3 6 8

```
  □ 2
-  2 □
---------
  □ 4
```

❹ 3 7 6

```
  8 □
- □ 9
---------
  4 □
```

❺ 4 1 7

```
  □ 2
-  2 □
---------
  □ 5
```

❻ 8 6 2

```
  4 □
- □ 8
---------
  1 □
```

❼ 8 2 4

```
  □ 6
-  1 □
---------
  □ 8
```

❽ 3 1 5

```
  8 □
- □ 8
---------
  6 □
```

➕ 뺄셈식에 맞게 왼쪽 숫자 카드를 한 번씩 써넣으시오.

$$\begin{array}{r} 7\ 6 \\ -\ 5\ 1 \\ \hline 2\ 5 \end{array}$$

$$\begin{array}{r} 6\ 5 \\ -\ 1\ 7 \\ \hline 4\ 8 \end{array}$$

$$\begin{array}{r} 5\ 7 \\ -\ 1\ 6 \\ \hline 4\ 1 \end{array}$$

❶

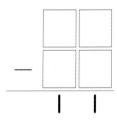

7 4

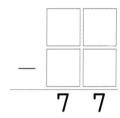

1 1

7 7

❷

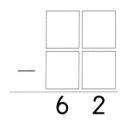

6 2

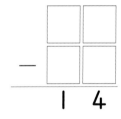

1 4

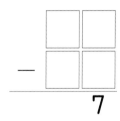

7

❸

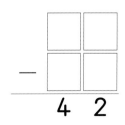

4 2

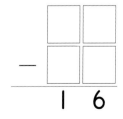

1 6

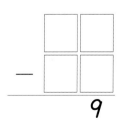

9

1 숫자 카드 중 두 장을 사용하여 뺄셈식을 완성하시오.

2 다음 중 두 수를 사용하여 식을 완성하시오.

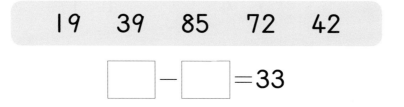

3 숫자 카드 네 장을 모두 사용하여 뺄셈식을 완성하시오.

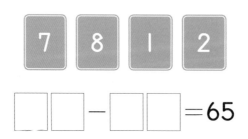

5 두 자리 수의
덧셈과 뺄셈

관계셈

● 덧셈식을 보고 뺄셈식을, 뺄셈식을 보고 덧셈식을 만드시오.

$65 + 19 = 84$

$84 - \boxed{65} = \boxed{19}$

$84 - \boxed{19} = \boxed{65}$

1 $37 + 41 = 78$

$78 - \boxed{} = \boxed{}$

$78 - \boxed{} = \boxed{}$

2 $29 + 66 = 95$

$95 - \boxed{} = \boxed{}$

$95 - \boxed{} = \boxed{}$

3 $28 + 46 = 74$

$74 - \boxed{} = \boxed{}$

$74 - \boxed{} = \boxed{}$

$82 - 29 = 53$

$\boxed{53} + \boxed{29} = 82$

$\boxed{29} + \boxed{53} = 82$

4 $92 - 35 = 57$

$\boxed{} + \boxed{} = 92$

$\boxed{} + \boxed{} = 92$

5 $63 - 28 = 35$

$\boxed{} + \boxed{} = 63$

$\boxed{} + \boxed{} = 63$

6 $47 - 19 = 28$

$\boxed{} + \boxed{} = 47$

$\boxed{} + \boxed{} = 47$

✚ □ 안에 알맞은 수를 써넣으시오.

$$\boxed{56}+18=74 \qquad \longleftrightarrow \qquad 74-\boxed{18}=56$$

❶ $\boxed{}+51=97 \qquad \longleftrightarrow \qquad 97-\boxed{}=46$

❷ $\boxed{}+23=71 \qquad \longleftrightarrow \qquad 71-\boxed{}=48$

❸ $\boxed{}+49=83 \qquad \longleftrightarrow \qquad 83-\boxed{}=34$

❹ $\boxed{}+15=43 \qquad \longleftrightarrow \qquad 43-\boxed{}=28$

❺ $\boxed{}+67=81 \qquad \longleftrightarrow \qquad 81-\boxed{}=14$

❻ $\boxed{}+32=95 \qquad \longleftrightarrow \qquad 95-\boxed{}=63$

다리 잇기

● 계산을 한 다음 알맞게 선으로 이으시오.

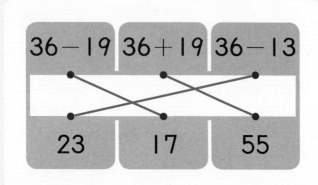

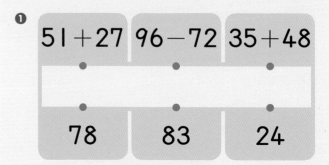

❶

51+27	96−72	35+48
78	83	24

❷

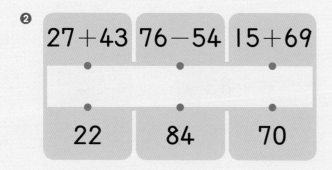

27+43	76−54	15+69
22	84	70

❸

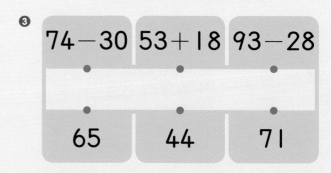

74−30	53+18	93−28
65	44	71

❹

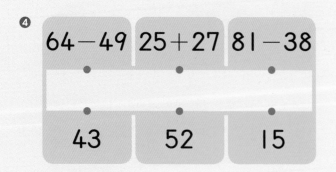

64−49	25+27	81−38
43	52	15

❺

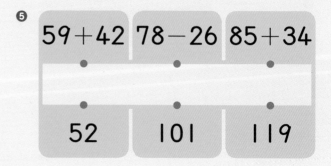

59+42	78−26	85+34
52	101	119

➕ 계산 결과가 같은 것끼리 선으로 이으시오.

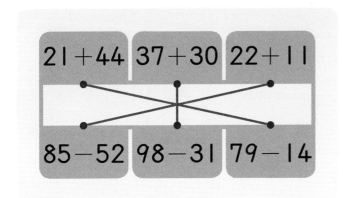

❶

55+32	41+13	17+26
67−24	99−12	88−34

❷

15+19	75−28	57+26
65−18	89−55	94−11

❸

23+32	16+21	38+29
64−27	77−10	88−33

❹

29+26	15+54	12+35
78−23	93−46	82−13

❺

25+16	39+19	42+35
89−12	69−11	95−54

두 색깔 양궁

● 화살이 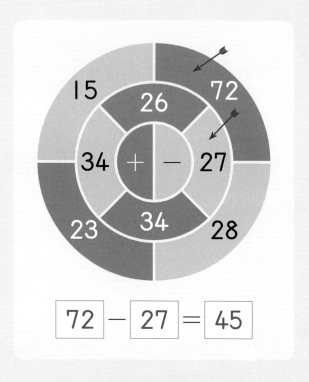 에 꽂히면 점수를 더하고, 에 꽂히면 점수를 뺍니다. 몇 점입니까?

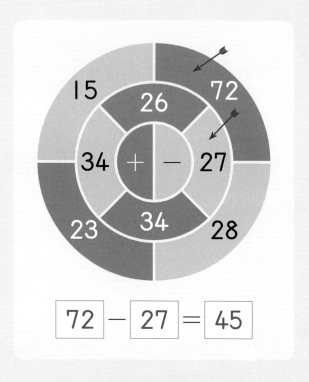

$$72 - 27 = 45$$

①

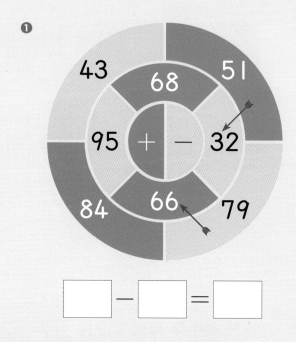

$$\boxed{} - \boxed{} = \boxed{}$$

②

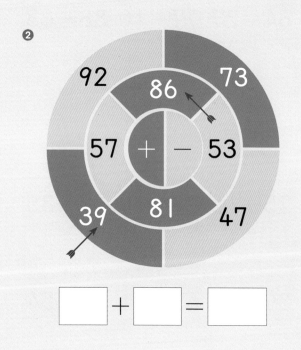

$$\boxed{} + \boxed{} = \boxed{}$$

③

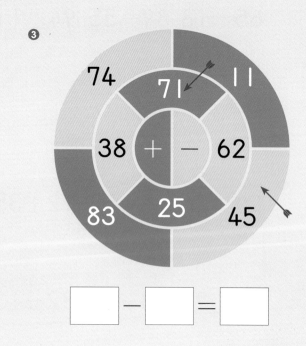

$$\boxed{} - \boxed{} = \boxed{}$$

⊕ 안의 점수에 맞게 화살 두 개를 그리시오.

63 점

❶

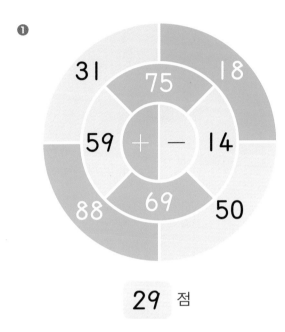

29 점

❷

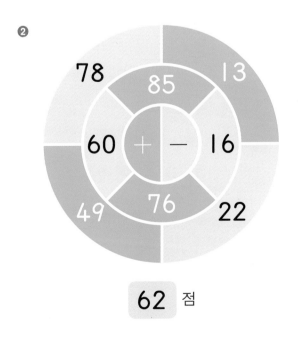

62 점

❸

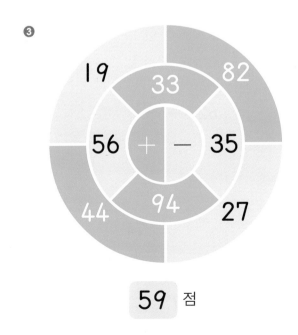

59 점

수 배열표셈

● 수 배열표를 보고 다음 계산을 하시오.

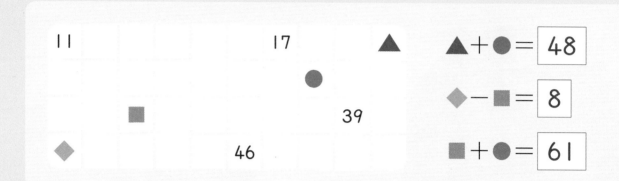

| 11 | | | | | 17 | | ▲ |

▲ + ● = 48

◆ − ■ = 8

■ + ● = 61

❶

41							▲
					●		59
	■				67		
		73		◆			

● − ▲ =

■ + ● =

◆ − ▲ =

❷

		33		▲			
●					47		
51				56			■
	62				◆		69

▲ + ● =

■ + ◆ =

■ − ● =

❸

				◆			
		74			▲	80
	■				87	
		93				●

● − ▲ =

■ + ● =

■ − ◆ =

● 수 배열표를 보고 다음 계산을 하시오.

39   45   ▲
    50   ●
        ■   67
    ◆   74

◆ − ● + ▲ = 59
◆ − ▲ + ■ = 85

❶

52   ▲   60
    64   ●
    ■   80
            87   ◆

◆ − ● + ▲ = [　]
■ − ▲ + ● = [　]

❷
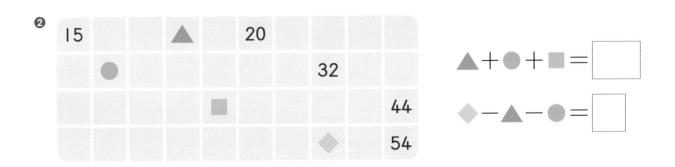

15   ▲   20
    ●   32
            ■   44
                    ◆   54

▲ + ● + ■ = [　]
◆ − ▲ − ● = [　]

❸

27 ●
        ▲   42
                53   ◆
        59   ■

◆ + ▲ − ● = [　]
■ − ▲ + ● = [　]

잘 공부했는지 알아봅시다

1 수 카드를 사용하여 덧셈식과 뺄셈식을 각각 만드시오.

$$\square + \square = \square$$
$$\square + \square = \square$$

25 36 61

$$\square - \square = \square$$
$$\square - \square = \square$$

2 수 배열표를 보고 □ 안에 알맞은 수를 써넣으시오.

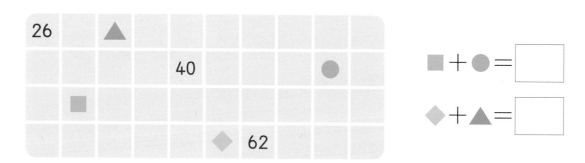

$$\blacksquare + \bullet = \square$$

$$\blacklozenge + \blacktriangle = \square$$

3 □ 안에 알맞은 수를 써넣으시오.

❶ $45 - \square = 18$ $\longleftrightarrow$ $27 + \square = 45$

❷ $81 - \square = 45$ $\longleftrightarrow$ $36 + \square = 81$

6 여러 가지
계산 방법

덧셈 방법

● 여러 가지 방법의 덧셈 설명을 보고 □ 안에 알맞은 수를 써넣으시오.

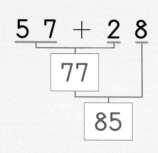

$5\ 7 + 2\ 8$

77

85

57에 20을 먼저 더하고 그 결과에 8을 더합니다.

❶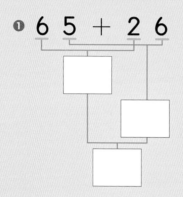

$6\ 5 + 2\ 6$

60과 20을 더하고 5와 6을 더한 다음 그 결과를 더합니다.

❷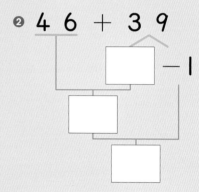

$4\ 6 + 3\ 9$

-1

46에 40을 먼저 더한 다음 그 결과에서 1을 뺍니다.

❸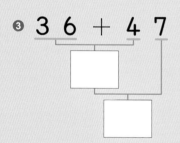

$3\ 6 + 4\ 7$

36에 40을 먼저 더한 다음 그 결과에 7을 더합니다.

❹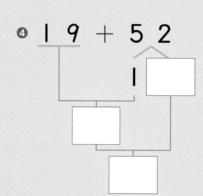

$1\ 9 + 5\ 2$

1

19에 1을 먼저 더한 다음 그 결과에 51을 더합니다.

❺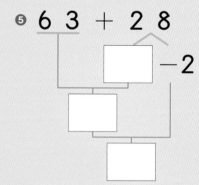

$6\ 3 + 2\ 8$

-2

63에 30을 먼저 더한 다음 그 결과에서 2를 뺍니다.

❖ 여러 가지 방법으로 덧셈을 한 것입니다. □ 안에 알맞은 수를 써넣으시오.

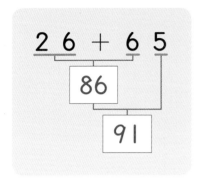

❶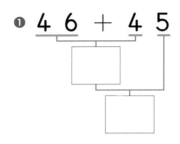

❷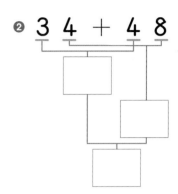

❸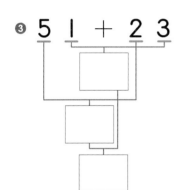

❹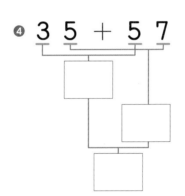

❺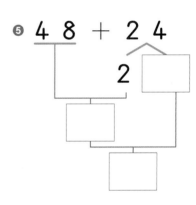

❻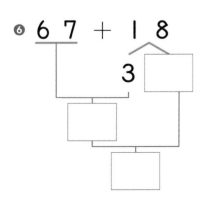

❼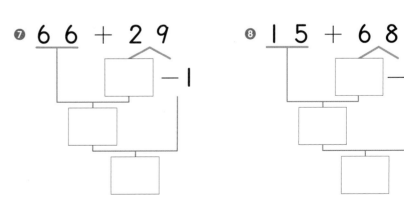

❽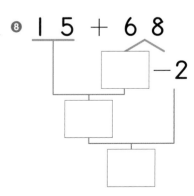

가로 덧셈

● 여러 가지 방법으로 덧셈을 한 것입니다. □ 안에 알맞은 수를 써넣으시오.

$72+21$
$=72+\boxed{20}+\boxed{1}$
$=\boxed{92}+\boxed{1}$
$=\boxed{93}$

> 72에 20을 먼저 더하고, 그 결과에 1을 더합니다.

❶ $37+47$
$=30+7+\boxed{}+\boxed{}$
$=\boxed{}+\boxed{}$
$=\boxed{}$

> 30과 40을 더하고, 7과 7을 더한 다음 두 계산 결과를 더합니다.

❷ $15+58$
$=15+\boxed{}-\boxed{}$
$=\boxed{}-\boxed{}$
$=\boxed{}$

> 15에 60을 더한 다음 그 결과에서 2를 뺍니다.

❸ $28+53$
$=28+\boxed{}+51$
$=\boxed{}+\boxed{}$
$=\boxed{}$

> 28에 2를 더한 다음 그 결과에 51을 더합니다.

● 여러 가지 방법으로 덧셈을 한 것입니다. □ 안에 알맞은 수를 써넣으시오.

$28+34$
$=28+\boxed{30}+4$
$=\boxed{58}+4$
$=\boxed{62}$

❶ $26+55$
$=20+6+\boxed{}+5$
$=70+\boxed{}$
$=\boxed{}$

❷ $46+19$
$=46+\boxed{}-1$
$=66-\boxed{}$
$=\boxed{}$

❸ $69+23$
$=69+\boxed{}+22$
$=\boxed{}+22$
$=\boxed{}$

❹ $38+46$
$=30+8+\boxed{}+6$
$=\boxed{}+14$
$=\boxed{}$

❺ $24+48$
$=24+\boxed{}-2$
$=\boxed{}-2$
$=\boxed{}$

뺄셈 방법

● 여러 가지 방법의 뺄셈 설명을 보고 □ 안에 알맞은 수를 써넣으시오.

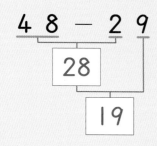

48 − 29

28

19

48에서 20을 먼저 뺀 다음 그 결과에서 9를 뺍니다.

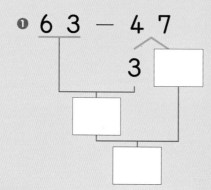

❶ 63 − 47

3

63에서 3을 먼저 뺀 다음 그 결과에서 44를 뺍니다.

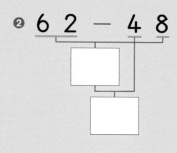

❷ 62 − 48

62에서 8을 먼저 뺀 다음 그 결과에서 40을 뺍니다.

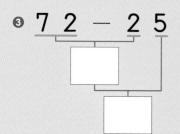

❸ 72 − 25

72에서 20을 먼저 뺀 다음 그 결과에서 5를 뺍니다.

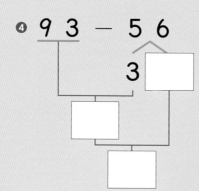

❹ 93 − 56

3

93에서 3을 먼저 뺀 다음 그 결과에서 53을 뺍니다.

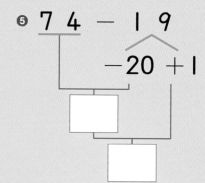

❺ 74 − 19

−20 +1

74에서 20을 먼저 뺀 다음 그 결과에 1을 더합니다.

❖ 여러 가지 방법으로 뺄셈을 한 것입니다. □ 안에 알맞은 수를 써넣으시오.

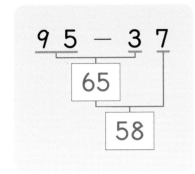

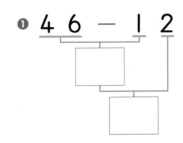

❶ 46 − 12

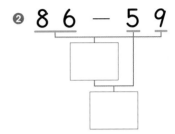

❷ 86 − 59

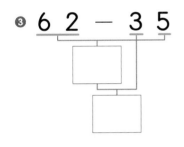

❸ 62 − 35

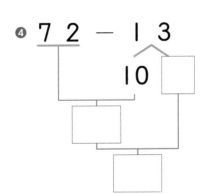

❹ 72 − 13

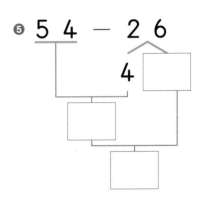

❺ 54 − 26

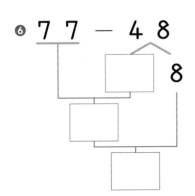

❻ 77 − 48

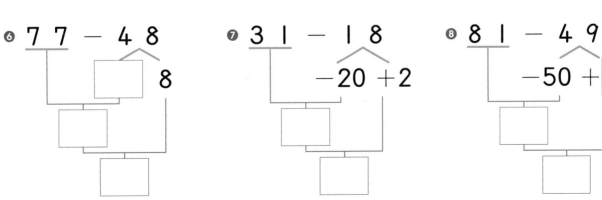

❼ 31 − 18

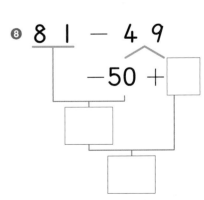

❽ 81 − 49

가로 뺄셈

◑ 여러 가지 방법으로 뺄셈을 한 것입니다. □ 안에 알맞은 수를 써넣으시오.

$87 - 45$

$= 80 + 7 - \boxed{40} - 5$

$= 40 + \boxed{2}$

$= \boxed{42}$

80에서 40을 빼고 7에서 5를 뺀 다음 두 계산 결과를 더합니다.

❶ $81 - 37$

$= 81 - \boxed{} - 36$

$= 80 - \boxed{}$

$= \boxed{}$

81에서 1을 먼저 뺀 다음 그 결과에서 36을 뺍니다.

❷ $74 - 58$

$= 74 - \boxed{} - 8$

$= \boxed{} - 8$

$= \boxed{}$

74에서 50을 먼저 뺀 다음 그 결과에서 8을 뺍니다.

❸ $53 - 28$

$= 53 - \boxed{} + 2$

$= \boxed{} + 2$

$= \boxed{}$

53에서 30을 뺀 다음 그 결과에 2를 더합니다.

➕ 여러 가지 방법으로 뺄셈을 한 것입니다. □ 안에 알맞은 수를 써넣으시오.

74−38
=74− 40 +2
= 34 +2
= 36

❶ 63−36
=63− □ −6
= □ −6
= □

❷ 42−27
=42− □ −25
= □ −25
= □

❸ 81−49
=81− □ +1
= □ +1
= □

❹ 97−15
=90+7−10− □
=80+ □
= □

❺ 51−28
=51− □ −8
= □ −8
= □

1 여러 가지 덧셈 방법으로 계산한 것입니다. □ 안에 알맞은 수를 써넣으시오.

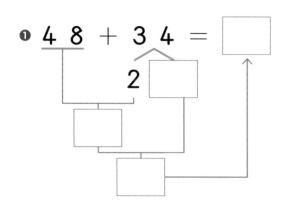

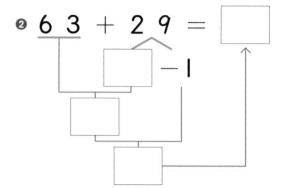

2 62−19를 여러 가지 방법으로 계산하려고 합니다. □ 안에 알맞은 말을 써넣으시오.

$$62-19=62-\boxed{}+1$$
$$=\boxed{}+1$$
$$=\boxed{}$$

$$62-19=62-2-\boxed{}$$
$$=60-\boxed{}$$
$$=\boxed{}$$

3 56−29를 다음과 같이 두 수에 각각 1을 더해서 57과 30으로 만든 후 뺄셈을 하였습니다. 같은 방법으로 다음 뺄셈을 하시오.

$$56-29=57-30=27$$
+1
+1

77−39

7 식으로 표현하기

수직선 식 세우기

● 다음을 식으로 나타내고, 빈칸에 알맞은 수를 써넣으시오.

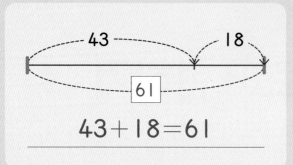

$$43 + 18 = 61$$

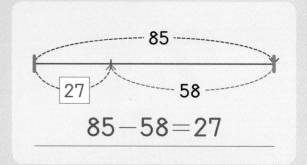

$$85 - 58 = 27$$

❶
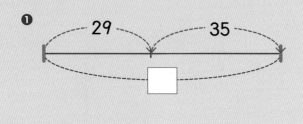

❷
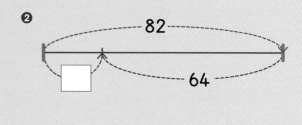

❸
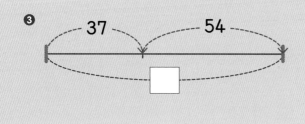

❹
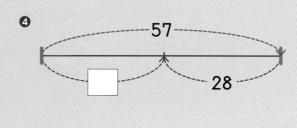

❺
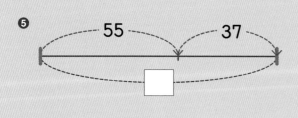

❻
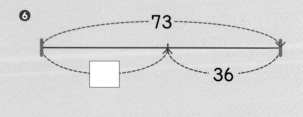

🕀 다음을 ☐가 있는 식으로 나타내고, 수직선의 빈칸에 알맞은 수를 써넣으시오.

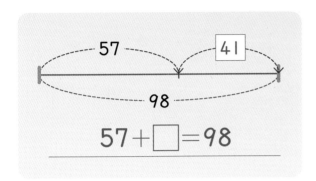

$$57+\square=98$$

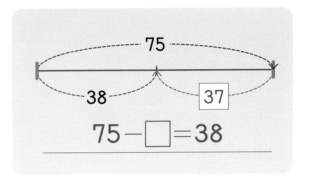

$$75-\square=38$$

❶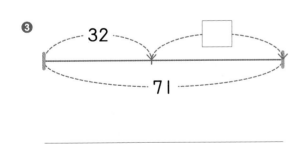

_____

❷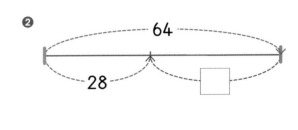

_____

❸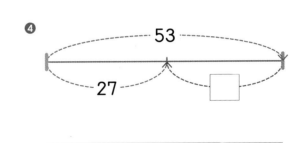

_____

❹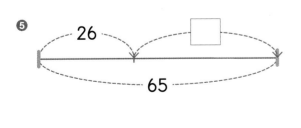

_____

❺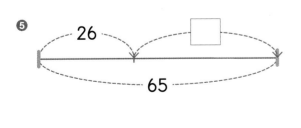

_____

❻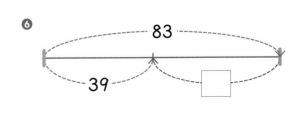

_____

벌레셈 문장제

● 벌레셈의 □ 안에 알맞은 수를 써넣으시오.

```
    4 6
  + 1 5
  -----
    6 1
```

①
```
    6 □
  + □ 4
  -----
    9 7
```

②
```
    5 6
  + 1 □
  -----
    □ 4
```

③
```
    4 □
  + □ 5
  -----
    7 4
```

④
```
    □ 1
  + 4 □
  -----
    9 3
```

⑤
```
    4 6
  + □ 7
  -----
    6 □
```

⑥
```
    7 □
  - □ 2
  -----
    4 2
```

⑦
```
    □ 3
  - 2 □
  -----
    5 7
```

⑧
```
    9 5
  - □ 9
  -----
    2 □
```

⑨
```
    □ 2
  - 3 □
  -----
    5 4
```

⑩
```
    7 □
  - □ 6
  -----
    2 3
```

⑪
```
    6 3
  - 1 □
  -----
    □ 8
```

✚ 벌레셈을 세우고 두 수를 구하시오.

일의 자리 숫자가 **7**인 두 자리 수와
십의 자리 숫자가 **3**인 두 자리 수의
합이 **61**입니다.

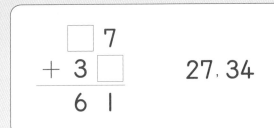

27, 34

❶ 십의 자리 숫자가 **3**인 두 자리 수에
일의 자리 숫자가 **5**인 두 자리 수를
더했더니 **74**가 되었습니다.

❷ 일의 자리 숫자가 **4**인 두 자리 수에서
십의 자리 숫자가 **2**인 두 자리 수를
뺐더니 **28**이 되었습니다.

❸ 일의 자리 숫자가 **7**인 두 자리 수에서
십의 자리 숫자가 **1**인 두 자리 수를
뺐더니 **48**이 되었습니다.

숫자 카드 조건

● 숫자 카드로 조건에 맞게 식을 만든 것입니다. 빈칸에 알맞은 수를 써넣으시오.

조건

만들 수 있는 두 자리 수 중
가장 큰 수와 가장 작은 수의 차

2	5
7	4
8	

$$
\begin{array}{r}
8\ 7 \\
-\ 2\ 4 \\
\hline
6\ 3
\end{array}
$$

❶ 조건

만들 수 있는 두 자리 수 중
가장 큰 수와 가장 작은 수의 차

1	3
5	6
9	

$$
\begin{array}{r}
\square\ 6 \\
-\ 1\ \square \\
\hline
\square\ \square
\end{array}
$$

❷ 조건

만들 수 있는 두 자리 수 중
가장 큰 수와 가장 작은 수의 합

1	2
5	6
9	

$$
\begin{array}{r}
9\ \square \\
+\ \square\ 2 \\
\hline
\square\ \square\ \square
\end{array}
$$

❸ 조건

만들 수 있는 두 자리 수 중
가장 큰 수와 가장 작은 수의 합

3	4
6	7
8	

$$
\begin{array}{r}
8\ \square \\
+\ \square\ 4 \\
\hline
\square\ \square\ \square
\end{array}
$$

♣ 주어진 숫자 카드를 사용하여 조건에 맞는 식과 답을 쓰시오.

조건

십의 자리 숫자가 **7**인 가장 작은 수와 십의 자리 숫자가 **4**인 가장 큰 수의 차

| 1 | 6 | 7 | 4 | 9 |

$71 - 49 = 22, \quad 22$

❶ **조건**

일의 자리 숫자가 **4**인 가장 큰 수와 십의 자리 숫자가 **3**인 가장 작은 수의 차

| 2 | 4 | 3 | 5 | 8 |

❷ **조건**

십의 자리 숫자가 **3**인 가장 큰 수와 십의 자리 숫자가 **6**인 가장 작은 수의 합

| 3 | 5 | 9 | 6 | 2 |

❸ **조건**

일의 자리 숫자가 **4**인 가장 작은 수와 십의 자리 숫자가 **7**인 가장 큰 수의 합

| 1 | 6 | 7 | 4 | 8 |

● 문제에 맞게 □ 안에 알맞은 수를 써넣으시오.

어머니께서 사탕 **24**개를 사오셨고, 아버지께서 어머니보다 **11**개 더 많이 사오셨습니다. 어머니와 아버지께서 사오신 초콜릿은 모두 몇 개입니까?

식 : $\boxed{24} + \boxed{24} + \boxed{11} = \boxed{59}$ (개)

❶ **22**명이 타고 있던 버스에 첫 번째 정류장에서 **15**명이 타고, 두 번째 정류장에서 **17**명이 탔습니다. 버스에 타고 있는 사람은 모두 몇 명입니까?

식 : $\boxed{} + \boxed{} + \boxed{} = \boxed{}$ (명)

❷ 빨간색 색종이가 **12**장 있고, 노란색 색종이는 빨간색 색종이보다 **49**장 더 많습니다. 색종이는 모두 몇 장입니까?

식 : $\boxed{} + \boxed{} + \boxed{} = \boxed{}$ (장)

❸ 상자에 초콜릿 **91**개가 있습니다. 아몬드 초콜릿이 **51**개, 밀크 초콜릿이 **12**개이고 나머지는 모두 다크 초콜릿입니다. 다크 초콜릿은 몇 개입니까?

식 : $\boxed{} - \boxed{} - \boxed{} = \boxed{}$ (개)

❹ 선재는 빨간색 구슬 **37**개, 파란색 구슬 **26**개를 가지고 있었습니다. 누나에게 구슬을 **17**개 주었습니다. 선재가 가지고 있는 구슬은 모두 몇 개입니까?

식 : $\boxed{} + \boxed{} - \boxed{} = \boxed{}$ (개)

✛ 문제를 읽고 알맞은 식과 답을 쓰시오.

학급 문고를 만들기 위해 책을 모았습니다. 어제는 **22**권을 모았고, 오늘은 어제보다 **38**권을 더 모았습니다. 모두 몇 권이 되었습니까?

식 : __22+22+38=82__   답 : __82__ 권

❶ 딱지를 현우는 **49**개, 민주는 **30**개, 소연이는 **18**개를 모았습니다. 세 사람이 모은 딱지는 모두 몇 개입니까?

식 : _____   답 : _____ 개

❷ 유진이는 어제 영어 단어 **36**개를 외웠고, 오늘은 어제보다 **19**개를 더 외웠습니다. 유진이가 **2**일 동안 외운 영어 단어는 모두 몇 개입니까?

식 : _____   답 : _____ 개

❸ 음악실에 **1**인용, **2**인용, **3**인용 의자가 모두 **60**개 있습니다. **1**인용 의자가 **20**개, **2**인용 의자가 **14**개가 있다면, **3**인용 의자는 모두 몇 개입니까?

식 : _____   답 : _____ 개

❹ 귤 한 상자에는 귤이 모두 **83**개 들어 있습니다. 민지 어머니께서는 앞집에 귤 **45**개를 주시고, 옆집에 **23**개를 주셨습니다. 남은 귤은 모두 몇 개입니까?

식 : _____   답 : _____ 개

월   일

1 다음을 □가 있는 식으로 나타내고 빈칸에 알맞은 수를 써넣으시오.

❶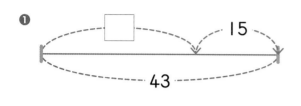

❷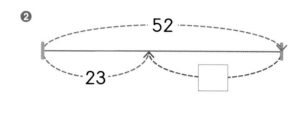

_____   _____

2 민주와 슬기는 각자 가지고 있는 세 장의 숫자 카드 중에서 두 장으로 가장 큰 두 자리 수를 만들었습니다. 만든 두 수를 더한 값을 구하시오.

민주

슬기

3 다음과 같이 일의 자리 숫자가 **8**인 두 자리 수와 십의 자리 숫자가 **4**인 두 자리 수가 있습니다. 이 두 수의 합이 **73**일 때 두 수를 각각 구하시오.

4 바구니에 사탕이 **42**개 들어 있습니다. 그중 **15**개를 먹고 **28**개를 더 넣었습니다. 지금 바구니에 들어 있는 사탕은 몇 개입니까?

식 : _____   답 : _____ 개

문해결 연산

거꾸로셈

● ○ 안에 + 또는 − 를, □ 안에는 알맞은 수를 써넣으시오.

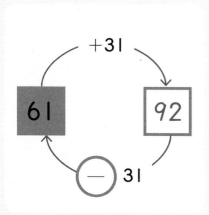

❶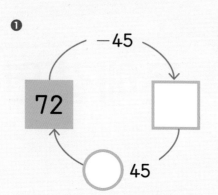

❷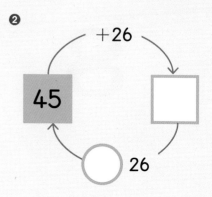

❸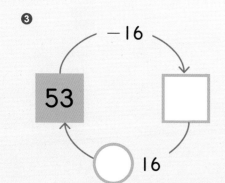

❹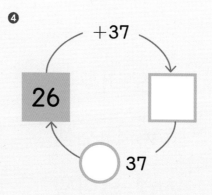

❺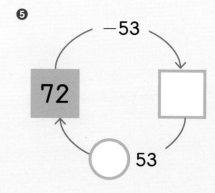

❻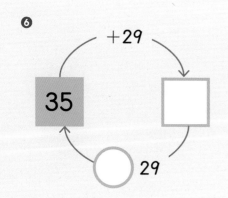

❼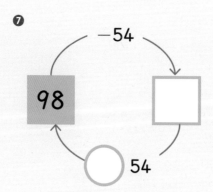

❽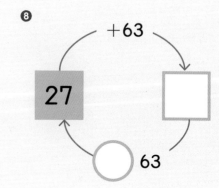

● 빈칸에 알맞은 수를 써넣으시오.

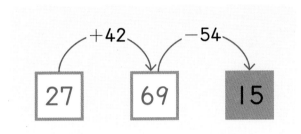

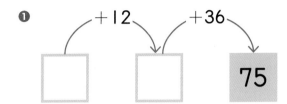

❶

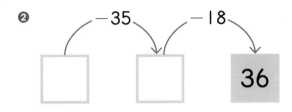

❷

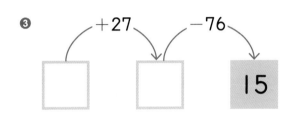

❸

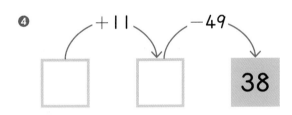

❹

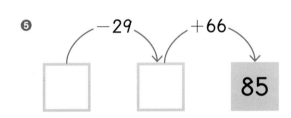

❺

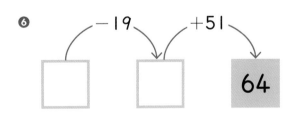

❻

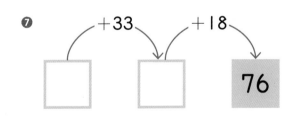

❼

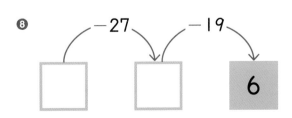

❽

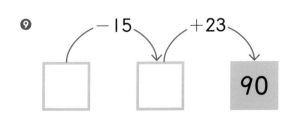

❾

대소셈

● □ 안에 들어갈 수 있는 수에 ○표 하시오.

$55 + \square < 82$

㉖ 27 28

❶ $36 + \square > 64$

27 28 29

❷ $\square + 74 < 91$

16 17 18

❸ $\square + 49 > 96$

46 47 48

❹ $21 + \square < 58$

36 37 38

❺ $18 + \square > 75$

56 57 58

❻ $86 - \square < 42$

43 44 45

❼ $70 - \square > 39$

30 31 32

❽ $\square - 62 < 29$

90 91 92

❾ $\square - 24 > 38$

61 62 63

❿ $92 - \square < 47$

44 45 46

⓫ $63 - \square > 29$

33 34 35

➕  안에 들어갈 수 있는 수 중에서 가장 큰 수를 □ 안에 쓰시오.

37 +  < 53

| 15 |

❶  + 29 < 76

❷ 45 +  < 81

❸ 60 −  > 27

❹  − 42 < 18

❺ 91 −  > 65

➕ 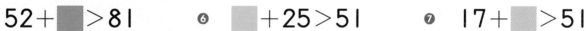 안에 들어갈 수 있는 수 중에서 가장 작은 수를 □ 안에 쓰시오.

52 +  > 81

| 30 |

❻  + 25 > 51

❼ 17 +  > 51

❽ 73 −  < 28

❾  − 29 > 54

❿ 56 −  < 38

복면셈

● 같은 모양에는 같은 숫자, 다른 모양에는 다른 숫자가 들어갑니다. 빈칸에 알맞은 수를 써넣으시오.

[보기]

```
    3  9
 +  7  4
 ─────────
 ①  ①  3
```

❶
```
    6  4
 +  □  8
 ─────────
    ○  □
```

❷
```
    ○  3
 +  6  □
 ─────────
    □  0  ○
```

❸
```
    7  8
 +  5  □
 ─────────
    ○  □  ○
```

❹
```
    4  5
 +  □  2
 ─────────
    ○  ○  □
```

❺
```
    ○  1
 −  1  □
 ─────────
    □  6
```

❻
```
    □  2
 −  1  □
 ─────────
    ○  7
```

❼
```
    □  2
 −  ○  5
 ─────────
    ○  □
```

❽
```
    ○  2
 −  3  ○
 ─────────
    □  ○
```

✚ 같은 모양은 같은 숫자, 다른 모양은 다른 숫자를 나타냅니다. 각 모양이 나타내는 숫자를 구하시오.

```
      ★ 6
  +   8 ◆
  ─────────
    ◆ 5 ★
```
★ = $\boxed{7}$

◆ = $\boxed{1}$

❶
```
      ★ 9
  +   ◆ 5
  ─────────
      8 ◆
```
★ = ☐

◆ = ☐

❷
```
      ◆ ★
  +   ◆ 5
  ─────────
      ★ 2
```
★ = ☐

◆ = ☐

❸
```
      ★ ◆
  +   1 ◆
  ─────────
      ◆ 2
```
★ = ☐

◆ = ☐

❹
```
      9 ★
  −   ◆ 7
  ─────────
      ★ 8
```
★ = ☐

◆ = ☐

❺
```
      ★ ◆
  −   4 2
  ─────────
      ◆ 9
```
★ = ☐

◆ = ☐

❻
```
      ★ 3
  −   ◆ ★
  ─────────
      ◆ 8
```
★ = ☐

◆ = ☐

❼
```
      ★ 0
  −   1 ◆
  ─────────
      6 ◆
```
★ = ☐

◆ = ☐

최대합 최소차

● 숫자 카드를 사용하여 여러 가지 덧셈식을 만든 것입니다. 가장 큰 합에 ○표 하시오.

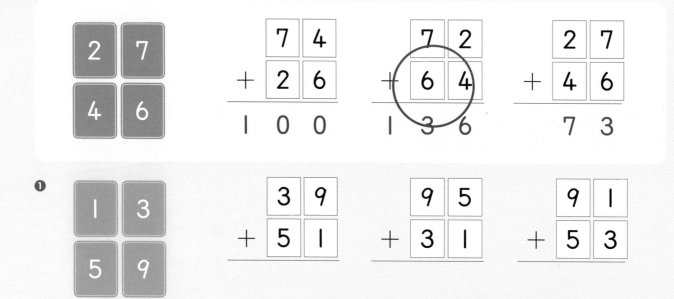

2	7
4	6

```
  7 4        7 2        2 7
+ 2 6      + 6 4      + 4 6
─────      ─────      ─────
1 0 0      1 3 6        7 3
```

❶
1	3
5	9

```
  3 9        9 5        9 1
+ 5 1      + 3 1      + 5 3
─────      ─────      ─────
```

● 숫자 카드를 사용하여 여러 가지 뺄셈식을 만든 것입니다. 가장 작은 차에 ○표 하시오.

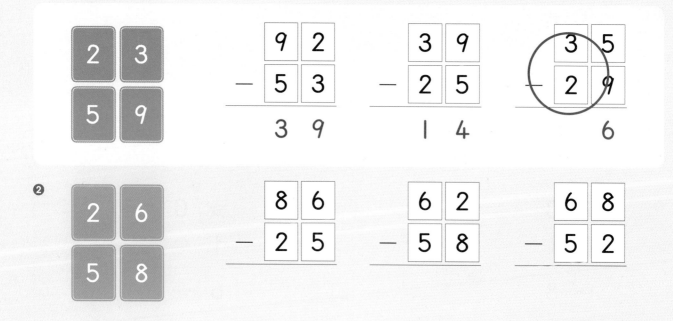

2	3
5	9

```
  9 2        3 9        3 5
- 5 3      - 2 5      - 2 9
─────      ─────      ─────
  3 9        1 4          6
```

❷
2	6
5	8

```
  8 6        6 2        6 8
- 2 5      - 5 8      - 5 2
─────      ─────      ─────
```

➕ 숫자 카드를 사용하여 두 자리 수끼리의 덧셈식과 뺄셈식을 만들어 가장 큰 합과
가장 작은 차를 구하시오.

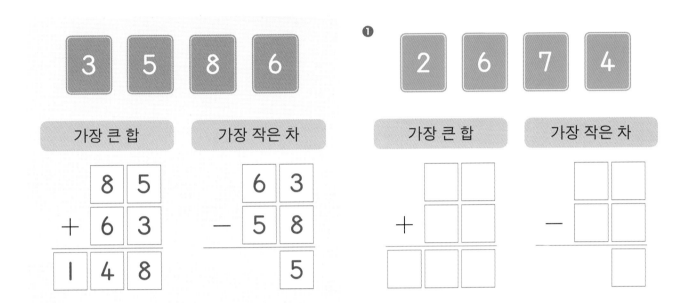

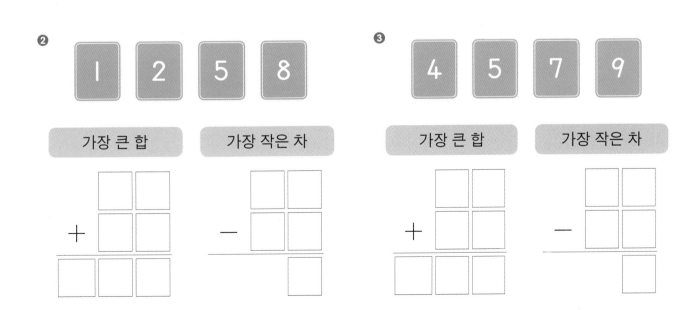

잘 공부했는지 알아봅시다

1 □ 안에 들어갈 수 있는 수 중 가장 큰 수를 구하시오.

$$33 < 51 - \boxed{}$$

2 같은 모양은 같은 숫자일 때, ♥에 알맞은 숫자를 구하시오.

$$
\begin{array}{r}
♠\ 2 \\
-\ ♥\ 4 \\
\hline
3\ ♠
\end{array}
$$

3 숫자 카드를 모두 사용하여 계산 결과가 가장 큰 덧셈식과 계산 결과가 가장 작은 뺄셈식을 만드시오.

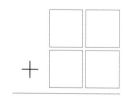
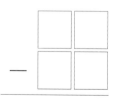

MEMO

MEMO

사고셈

정답 및 해설
Guide Book

초등2 2호
두 자리 수의 덧셈과 뺄셈

NE 능률

417 세로 덧셈

□ 안에 알맞은 수를 써넣으시오.

일의 자리 수끼리의 합이 100이거나 10보다 크면
10을 십의 자리로 받아올림해야 합니다. 따라서 십
의 자리 위에 10에 해당하는 받아올림한 수 1을 쓰
고 십의 자리 수를 계산할 때 더해 줍니다.

```
0            1              3              5
   3 6         - 4 8          - 5 6          - 3 5
 + 1 7        + 3 7          + 2 5          + 9 2
  5 3          8 5            8 1            1 2 7
```

```
   7 3         - 6 7          - 6 8
 + 8 2        + 5 1          + 5 3
 1 5 5        1   8          1 2 1
```

```
   4 5         - 5 5          - 4 5
 + 7 8        + 8 9          + 7 8
 1 2 3        1 4 4          1 2 3
```

```
0            ⑨
   3 4         - 2 7
 + 3 8        + 9 1
  7 2          1   8
```

❖ 세로셈으로 고쳐 계산하시오.

24+19= 43
```
   2 4
 + 1 9
   4 3
```

① 37+82= 119
```
   3 7
 + 8 2
 1 1 9
```

② 76+87= 163
```
   7 6
 + 8 7
 1 6 3
```

③ 37+56= 93
```
   3 7
 + 5 6
   9 3
```

④ 82+64= 146
```
   8 2
 + 6 4
 1 4 6
```

⑤ 92+68= 160
```
   9 2
 + 6 8
 1 6 0
```

⑥ 37+24= 61
```
   3 7
 + 2 4
   6 1
```

⑦ 84+92= 176
```
   8 4
 + 9 2
 1 7 6
```

⑧ 54+69= 123
```
   5 4
 + 6 9
 1 2 3
```

① 주차

418 갈림길

● 계산에 맞게 선을 그으시오.

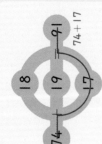

74 + 17 = 91

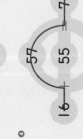

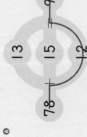

42 + 38 = 80

● 계산에 맞게 빈칸에 알맞은 수를 써넣으시오.

15 + 30 = 45 (15+30)
15 + 23 = 38 (15+23)
15 + 37 = 52 (15+37)

46 + 12 = 58
46 + 24 = 70
46 + 37 = 83

62 + 18 = 80
62 + 24 = 86
62 + 29 = 91

65 + 10 = 75 (65+10)
65 + 31 = 96 (65+31)
65 + 29 = 94 (65+29)

23 + 54 = 77
23 + 57 = 80
23 + 59 = 82

57 + 22 = 79
57 + 34 = 91
57 + 16 = 73

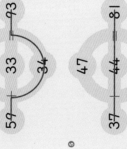

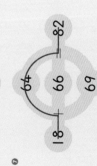

① 주차

419 과녁셈

● 화살이 꽂힌 부분의 수의 합을 가운데 ○에 써넣으시오.

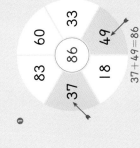

19 53
65   95   71
26
26+69=95
69

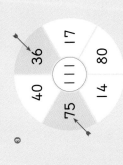

45 74
58   91   12
37
46

67   16   93
87   79   12
63

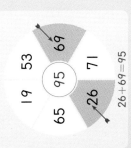

83 60 33
18   86   49
37
37+49=86

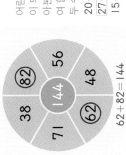

40   36
75   111   17
14
80

53 17
51   123   72
59 67

● 수의 합이 가운데 수가 되도록 두 수를 골라 ○표 하시오.

15 20
40   61   34
45 27

어림해서 합이 60
이 되는 두 수를 찾
아본 다음 계산하
여 합이 61이 되는
두 수를 찾습니다.

20+40=60
27+34=61
15+45=60

38   82   56
71   144   48
62
62+82=144

37   17
39   97   45
60   42

91   65   25
41   131   50
40

일의 자리 수끼리의 합이 5
또는 15가 되는 두 수를 찾
아봅니다.

58   60   77
85   135   41
35

24   20   37
68   105   59
76

주차 ①

P. 14 ● P. 15

420 풍선 잇기

● 합이 ◯ 안의 수가 되는 두 수를 찾아 선으로 이으시오.

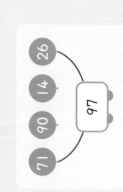

어림해서 합이 80이 되는 두 수를 찾아봅니다.

일의 자리 수끼리의 합이 5 또는 15인 두 수를 찾아봅니다.

월 일

● ◯ 안의 수가 되는 두 수를 찾아 선으로 이으시오.

합이 72이므로 72보다 큰 수인 87과 98은 답이 아닙니다.

두 수의 합 134이므로 34보다 는 커야 합니다.

50보다 큰 수인 88과 67은 답이 아닙니다.

일의 자리 수끼리의 합이 5 또는 15인 두 수를 찾아봅니다.

잘 공부했는지 알아봅시다

월 일

1 오른쪽 계산에서 □ 안의 숫자 1이 실제로 나타내는 수는 얼마입니까? 10

```
  6 7
+ 1 8
  8 5
```

7+8=15에서 5는 일의 자리에 쓰고 받아올림하게 되는 10은 십의 자리에 받아올림 표시로 1을 씁니다.

2 □ 안에 알맞은 숫자를 써넣으시오.

```
    3 6
  + 4 6
    8 2
```

❷
```
    2 7
  + 6 4
    9 1
```

3 계산 결과가 큰 것부터 차례로 기호를 써 보시오. ❷, ㉠, ㉡

㉠ 36+49 ㉡ 54+29 ㉢ 18+79
   85   83   97

4 수 카드에서 합이 62가 되는 두 수를 찾아 ○표 하시오.

73 34 19 47 28 59

내림해서 합이 60이 되는 두 수를 찾은 이분 다음 계산하여 합이 62가 되는 두 수를 구합니다.

19+47=66
34+28=62

1 주차

421 체인지셈

● 색칠된 두 숫자를 바꾸어 계산하시오.

● 다음 식은 숫자 두 개가 바뀐 것입니다. 바뀐 숫자에 ○표 하고 바르게 고치시오.

일의 자리 계산에서 합이 11이 되는 두 수를 찾아봅니다.

일의 자리 수의 계산에서 합이 1 또는 11이 되는 두 수를 찾아봅니다.

422 큰 합 작은 합

● 선으로 연결된 두 수의 합을 쓰시오.

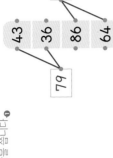

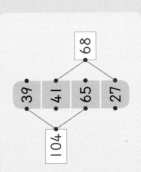

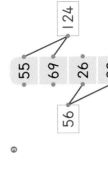

● 오른쪽에는 가장 큰 합, 왼쪽에는 가장 작은 합을 쓰고 선으로 연결하시오.

왼쪽에는 가장 작은 수와 두 번째 작은 수의 합을 쓰고, 오른쪽에는 가장 큰 수와 두 번째 큰 수의 합을 씁니다.

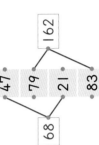

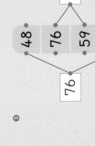

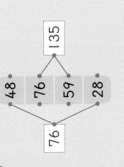

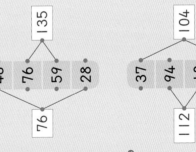

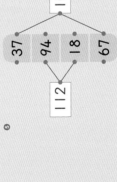

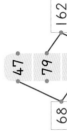

② 주차

423 숫자 카드 벌레셈

● 숫자 카드 중 두 장 또는 세 장을 사용하여 덧셈식을 완성하시오.

❶
```
    _ 7
  _ 8 4
  + _ 0 1
```

| 2 8 | 1 5 7 |
| 2 0 | 5 |

❸
```
    9 5
    4 2
  + _ 3 7
```

| 5 2 9 3 |
| 1 6 9 |

❺
```
    7 9
    5 3
  + _ 3 2
```

| 1 4 9 |
| 5 6 8 |

```
  8 8
  5 9
+ _ 4 7
```

| 3 8 1 5 2 |
| 9 |

❷
```
    3 1
    6 7
  + _ 9 8
```

| 3 7 8 6 5 1 |

❹
```
    6 4
    2 8
  + _ 9 2
```

| 6 9 4 8 2 7 |

● 숫자 카드를 한 번씩 모두 사용하여 덧셈식을 완성하시오.

예시 답안 이외에도 십의 자리 숫자끼리, 일의 자리
숫자끼리 바꾸어 식을 완성할 수 있습니다.

```
  9 1
+ 3 5
1 2 6
```
```
  3 5
+ 9 1
1 2 6
```

| 3 9 5 1 |

❷
```
    2 8
    5 3
  + _ 8 1
```

| 8 5 2 3 |

❹
```
    6 5
    1 9
  + _ 8 4
```

| 9 1 5 6 |

❻
```
    9 1
    5 7
  + _ 1 4 8
```

| 7 1 9 5 |

```
  4 2
+ 6 7
1 0 9
```
```
  6 7
+ 4 2
1 0 9
```

❶
```
    4 7
    6 2
  + 1 0 9
```

| 4 6 2 7 |

❸
```
    8 9
    7 4
  + 1 6 3
```

| 7 9 8 4 |

❺
```
    9 3
    4 6
  + 1 3 9
```

| 4 6 9 3 |

❼
```
    7 8
    4 2
  + 1 2 0
```

| 7 8 2 4 |

424 막대셈

● 빈칸에 알맞은 수를 써넣으시오.

14 | 27
41
14+27

① 62 | 30
92
62+30

② 43 | 58
101

③ 78 | 92
170

④ 85 | 69
154

⑤ 16 | 55
71

⑥ 72 | 38
110

⑦ 94 | 25
119

⑧ 59 | 58
117

⑨ 42 | 66
108

월 일

28+95=123
28 | 95
91 | 32
91+32=123

● 빈칸에 알맞은 수를 써넣으시오.

45+81=126
45 | 81
27 | 99
27+99=126

② 67 | 13
55 | 25

③ 79 | 54
32 | 101

④ 34 | 48
20 | 62

⑤ 83 | 26
74 | 35

⑥ 59 | 75
103 | 31

⑦ 17 | 97
52 | 62

⑧ 37 | 46
20 | 63

⑨ 83 | 72
113 | 42

잘 공부했는지 알아봅시다

월 일

1 숫자 카드 중 세 장을 사용하여 덧셈식을 완성하시오.

| 8 | 6 | 7 |

	6	8
+	6	7
1	3	5

2 다음 수 중 두 수를 골라 덧셈을 합니다. 합이 가장 클 때의 값과 가장 작을 때의 값을 각각 구하시오. 가장 큰 합은 111, 가장 작은 합은 61

| 36 | 47 | 64 | 25 |

가장 큰 합은 가장 큰 수와 두 번째 큰 수의 합입니다.
64+47=111

가장 작은 합은 가장 작은 수와 두 번째 작은 수의 합입니다.
25+36=61

3 진수와 명희는 수 카드를 두 장씩 가지고 있습니다. 진수가 가진 카드에 있는 두 수의 합과 명희가 가진 카드에 있는 두 수의 합과 같습니다. 명희가 가진 뒤집어진 카드에 적힌 수는 얼마인지 구하시오. 16

진수
25+38=63

명희
47+⬚16=63

4 진수는 숫자 카드로 덧셈식을 만들었는데 동생이 카드 두 장을 바꾸어 놓았습니다. 바뀐 카드에 ○표 하고 바르게 고치시오.

+	⑧	⑦
	⑥	③
1	0	5

→

+	3	7
	6	8
1	0	5

계산 결과의 일의 자리 수가 5입니다. 일의 자리 수끼리의 합이 5 또는 15가 되는 카드를 찾아봅니다.

425　세로 뺄셈

일의 자리 수끼리 뺄 수 없으면 십의 자리에서 10을 일의 자리로 받아내림하여 계산합니다.

● □ 안에 알맞은 수를 써넣으시오.

$$\begin{array}{r} {}^{2}\!\!\!\not{3}\ {}^{10}\!\!4 \\ -\ 1\ 8 \\ \hline 1\ 6 \end{array}$$

① $\begin{array}{r} {}^{7}\!\!\!\not{8}\ {}^{10}\!\!2 \\ -\ 6\ 5 \\ \hline 1\ 7 \end{array}$　② $\begin{array}{r} {}^{3}\!\!\!\not{4}\ {}^{10}\!\!5 \\ -\ 2\ 9 \\ \hline 1\ 6 \end{array}$

③ $\begin{array}{r} {}^{8}\!\!\!\not{9}\ {}^{10}\!\!6 \\ -\ 4\ 7 \\ \hline 4\ 9 \end{array}$　④ $\begin{array}{r} {}^{5}\!\!\!\not{6}\ {}^{10}\!\!3 \\ -\ 3\ 6 \\ \hline 2\ 7 \end{array}$　⑤ $\begin{array}{r} {}^{6}\!\!\!\not{7}\ {}^{10}\!\!1 \\ -\ 1\ 4 \\ \hline 5\ 7 \end{array}$

⑥ $\begin{array}{r} {}^{7}\!\!\!\not{8}\ {}^{10}\!\!7 \\ -\ 5\ 9 \\ \hline 2\ 8 \end{array}$　⑦ $\begin{array}{r} {}^{2}\!\!\!\not{3}\ {}^{10}\!\!0 \\ -\ 1\ 3 \\ \hline 1\ 7 \end{array}$　⑧ $\begin{array}{r} {}^{8}\!\!\!\not{9}\ {}^{10}\!\!2 \\ -\ 6\ 8 \\ \hline 2\ 4 \end{array}$

⑨ $\begin{array}{r} {}^{5}\!\!\!\not{6}\ {}^{10}\!\!2 \\ -\ 1\ 7 \\ \hline 4\ 5 \end{array}$　⑩ $\begin{array}{r} {}^{3}\!\!\!\not{4}\ {}^{10}\!\!1 \\ -\ 2\ 7 \\ \hline 1\ 4 \end{array}$　⑪ $\begin{array}{r} {}^{7}\!\!\!\not{8}\ {}^{10}\!\!6 \\ -\ 3\ 9 \\ \hline 4\ 7 \end{array}$

월　일

● 세로셈으로 고쳐 계산하시오.

$$42-24=18$$
$\begin{array}{r} 4\ 2 \\ -\ 2\ 4 \\ \hline 1\ 8 \end{array}$

① $81-65=16$
$\begin{array}{r} 8\ 1 \\ -\ 6\ 5 \\ \hline 1\ 6 \end{array}$

② $95-58=37$
$\begin{array}{r} 9\ 5 \\ -\ 5\ 8 \\ \hline 3\ 7 \end{array}$

③ $31-17=14$
$\begin{array}{r} 3\ 1 \\ -\ 1\ 7 \\ \hline 1\ 4 \end{array}$

④ $44-28=16$
$\begin{array}{r} 4\ 4 \\ -\ 2\ 8 \\ \hline 1\ 6 \end{array}$

⑤ $53-16=37$
$\begin{array}{r} 5\ 3 \\ -\ 1\ 6 \\ \hline 3\ 7 \end{array}$

⑥ $35-19=16$
$\begin{array}{r} 3\ 5 \\ -\ 1\ 9 \\ \hline 1\ 6 \end{array}$

⑦ $50-37=13$
$\begin{array}{r} 5\ 0 \\ -\ 3\ 7 \\ \hline 1\ 3 \end{array}$

⑧ $66-29=37$
$\begin{array}{r} 6\ 6 \\ -\ 2\ 9 \\ \hline 3\ 7 \end{array}$

③ 주차

계단셈

426

● 빈칸에 알맞은 수를 써넣으시오.

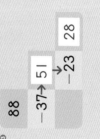

74 →(-12)→ 62 →(-27)→ 35 (74-12, 62-27)

① 67 →(-19)→ 48 →(-23)→ 25 (67-19, 48-23)

② 94 →(-16)→ 78 →(-35)→ 43

③ 88 →(-37)→ 51 →(-23)→ 28

④ 62 →(-27)→ 35 →(-19)→ 16

⑤ 71 →(-38)→ 33 →(-26)→ 7

⑥ 82 →(-26)→ 56 →(-50)→ 6

⑦ 59 →(-14)→ 45 →(-27)→ 18

① 45 →(-12)→ 33 →(-18)→ 15 (45-12=33, 33-18=15)

③ 72 →(-31)→ 41 →(-14)→ 27

⑤ 60 →(-28)→ 32 →(-14)→ 18

⑦ 75 →(-15)→ 60 →(-27)→ 33

● 빈칸에 알맞은 수를 써넣으시오.

② 63 →(-17)→ 46 →(-18)→ 28 (63-17=46, 46-18=28)

④ 55 →(-12)→ 43 →(-12)→ 31

⑥ 82 →(-10)→ 72 →(-27)→ 45

⑧ 82 →(-38)→ 44 →(-25)→ 19

427 역피라미드 뺄셈

● 아래의 수는 선으로 연결된 두 수의 차입니다. 빈칸을 채우시오.

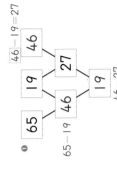

① 39 64 92
25 28 ← 92−64
3 ← 28−25
64−39 28−25

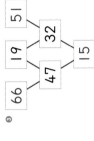

76 28 52
48 24 ← 52−28
24 ← 48−24
76−28

② 45 13 77
32 64
32

⑤ 98 14 71
84 57
27

④ 83 25 62
58 37
21

⑥ 66 47 59
19 12
7

● 아래의 수는 선으로 연결된 두 수의 차입니다. 빈칸을 채우시오.

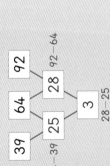

① 65 19 46
46 27 ← 46−19=27
19 ← 46−27
65−19
81−37=44 64−37=27
③ 81 37 64 ②
44 ①27 ← 44−27=17
17 ← 44−27=17

⑩ 66 19 51
47 32
15

② 35 49 17
14 32
18

⑤ 17 39 95
22 56
34

④ 76 33 15
43 18
25

428　뺄셈표

● 뺄셈표의 빈칸에 알맞은 수를 세넣으시오.

−	15	34	41
56	41	22	15
67	52	33	26

①

−	17	29	46
48	31	19	2
76	59	47	30

②

−	18	27	39
59	41	32	20
72	54	45	33

③

−	32	43	57
61	29	18	4
79	47	36	22

④

−	59	65	73
78	19	13	5
81	22	16	8
94	35	29	21

⑤

−	16	24	35
42	26	18	7
53	37	29	18
67	51	43	32

● 뺄셈표의 빈칸에 알맞은 수를 세넣으시오.

52 − 26 = 26

−	13	26	33
45	32	19	12
52	39	26	19

순서를 생각하여 해결합니다. 가로줄, 세로줄의 수를 구합니다.

① 64 − 58 = 6
② 64 − 49 = 15
③ 88 − 62 = 26

나머지는 세로줄의 수에서 가로줄의 수를 빼서 구합니다.

❶

−	㉡49	58	㉢62
㉠64	15	6	2
88	39	30	26

❷

−	14	37	27
51	37	14	24
69	55	32	42

❸

−	27	36	44
46	19	10	2
91	64	55	47

❹

−	19	25	38
42	23	17	4
58	39	33	20
65	46	40	27

❺

−	57	69	70
71	14	2	1
87	30	18	17
93	36	24	23

잘 공부했는지 알아봅시다

1 □ 안에 알맞은 수를 써넣으시오.

$$5\ 4 \quad\rightarrow\quad {}^{4}\!\cancel{5}\ \overset{10}{4} \quad\rightarrow\quad {}^{4}\!\cancel{5}\ \overset{10}{4}$$
$$-2\ 9 \qquad -2\ 9 \qquad -2\ 9$$
$$\overline{} \qquad \overline{\quad 5} \qquad \overline{2\ 5}$$

일의 자리 수끼리 뺄 수 없으면 십의 자리에서
10을 일의 자리로 받아내림하여 계산합니다.

2 관계 있는 것끼리 선으로 이으시오.

41−13	55−19	62−37
28	36	25

92−56	87−59	74−49
36	28	25

3 빈칸에 알맞은 수를 써넣으시오.

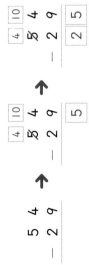

❶
−29	
60	31
42	13

60 − 29 = 31
42 − 29 = 13

❷
−27	
82	55
66	39

82 − 27 = 55
66 − 27 = 39

429 체인지셈

● 색칠된 두 숫자를 바꾸어 계산하시오.

$$5\ 2 \quad\to\quad 3\ 2$$
$$-\ 1\ 3 \qquad -\ 1\ 5$$
$$\overline{3\ 9} \qquad \overline{1\ 7}$$

5의 3의 자리   3 2
를 서로 바꾸어 − 1 5
식을 만듭니다.

$$8\ 4 \quad\to\quad 8\ 2$$
$$-\ 2\ 7 \qquad -\ 4\ 7$$
$$\overline{5\ 7} \qquad \overline{3\ 5}$$

4와 2의 자리   8 2
를 서로 바꾸어 − 4 7
식을 만듭니다.

$$4\ 1 \quad\to\quad 4\ 9$$
$$-\ 3\ 9 \qquad -\ 3\ 1$$
$$\overline{2} \qquad \overline{1\ 8}$$

$$9\ 5 \quad\to\quad 9\ 8$$
$$-\ 6\ 8 \qquad -\ 8\ 6$$
$$\overline{2\ 7} \qquad \overline{9}$$

$$7\ 6 \quad\to\quad 7\ 2$$
$$-\ 2\ 5 \qquad -\ 6\ 5$$
$$\overline{5\ 1} \qquad \overline{7}$$

$$8\ 9 \quad\to\quad 9\ 8$$
$$-\ 1\ 4 \qquad -\ 1\ 4$$
$$\overline{7\ 5} \qquad \overline{8\ 4}$$

$$5\ 2 \quad\to\quad 7\ 2$$
$$-\ 3\ 7 \qquad -\ 3\ 5$$
$$\overline{1\ 5} \qquad \overline{3\ 7}$$

$$6\ 1 \quad\to\quad 6\ 4$$
$$-\ 4\ 8 \qquad -\ 1\ 8$$
$$\overline{1\ 3} \qquad \overline{4\ 6}$$

● 다음 식은 숫자 두 개가 바뀐 것입니다. 바뀐 숫자에 ○표 하고 바르게 고치시오.

$$⑤\ 7 \quad\to\quad 6\ 7$$
$$-\ 1\ ⑥ \qquad -\ 1\ 5$$
$$\overline{5\ 2} \qquad \overline{5\ 2}$$

$$6\ 3 \quad\to\quad 6\ 3$$
$$-\ ④\ ② \qquad -\ 2\ 4$$
$$\overline{3\ 9} \qquad \overline{3\ 9}$$

$$5\ ③ \quad\to\quad 5\ 2$$
$$-\ ②\ 6 \qquad -\ 3\ 6$$
$$\overline{1\ 6} \qquad \overline{1\ 6}$$

$$8\ ① \quad\to\quad 8\ 9$$
$$-\ 7\ ⑨ \qquad -\ 7\ 1$$
$$\overline{1\ 8} \qquad \overline{1\ 8}$$

$$6\ 4 \quad\to\quad 6\ 4$$
$$-\ ①\ ⑤ \qquad -\ 5\ 1$$
$$\overline{1\ 3} \qquad \overline{1\ 3}$$

$$9\ ④ \quad\to\quad 9\ 3$$
$$-\ ③\ 4 \qquad -\ 4\ 4$$
$$\overline{4\ 9} \qquad \overline{4\ 9}$$

$$⑦\ 5 \quad\to\quad 9\ 5$$
$$-\ 2\ ⑨ \qquad -\ 2\ 7$$
$$\overline{6\ 8} \qquad \overline{6\ 8}$$

$$⑧\ ⑦ \quad\to\quad 7\ 8$$
$$-\ 1\ 9 \qquad -\ 1\ 9$$
$$\overline{5\ 9} \qquad \overline{5\ 9}$$

430 큰 차 작은 차

● 오른쪽은 가장 큰 차, 왼쪽은 가장 작은 차가 나오도록 두 수를 연결한 것입니다. 빈칸을 채우시오.

◆ 오른쪽은 가장 큰 차, 왼쪽은 가장 작은 차가 나오도록 두 수를 연결한 것입니다. 빈칸을 채우시오.

가장 큰 차는 가장 큰 수에서 가장 작은 수를 빼면 됩니다.
가장 작은 차는 네 수 중 가장 가까운 두 수를 찾아 구합니다.

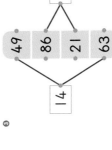
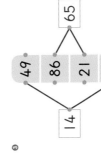
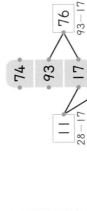
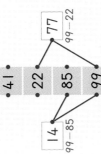
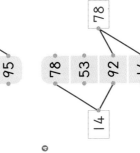
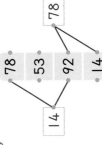
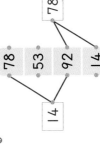
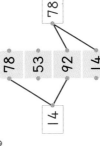

④ 주차

431 수 카드 식완성

● 수 카드 중 두 장을 사용하여 식을 완성하시오.

① 51 84 23
84 − 23 = 61

❷ 47 16 91
91 − 47 = 44

❸ 82 43 25
43 − 25 = 18

❹ 32 58 76
58 − 32 = 26

❺ 54 87 11
87 − 11 = 76

❻ 70 27 33
70 − 33 = 37

❼ 39 80 55
55 − 39 = 16

❽ 95 68 42
68 − 42 = 26

● 수 카드 중 세 장을 사용하여 식을 완성하시오.

① 81 69 46 / 28 12
81 − 69 = 12
또는 81 − 12 = 69

❷ 36 57 18 / 72 15
72 − 15 = 57
또는 72 − 57 = 15

❸ 74 29 18 / 56 31
74 − 18 = 56
또는 74 − 56 = 18

❹ 20 63 15 / 85 48
63 − 48 = 15
또는 63 − 15 = 48

❺ 21 86 66 / 17 49
66 − 17 = 49
또는 66 − 49 = 17

❻ 45 16 98 / 53 71
98 − 53 = 45
또는 98 − 45 = 53

뺄셈식에 맞게 왼쪽 숫자 카드를 한 번씩 써넣으시오.

432 숫자 카드 목표수

숫자 카드를 모두 한 번씩 사용하여 뺄셈식을 완성하시오.

④ 주차

잘 공부했는지 알아봅시다

월 일

1 숫자 카드 중두 장을 사용하여 뺄셈식을 완성하시오.

8 2
4 5

```
   5  2
-  3  8
------
   1  4
```

일의 자리 계산에서 2에서 4가 되는 수가 없으므로 십의 자리에서 받아내림하여 문제를 해결합니다.

12 - 8 = 4

2 다음 중두 수를 사용하여 식을 완성하시오.

19 39 85 72 42

72 - 39 = 33

3 숫자 카드 네 장을 모두 사용하여 뺄셈식을 완성하시오.

8 2 - 1 7 = 65

십의 자리 수끼리의 뺄셈 결과가 60이므로 십의 자리에 들어갈 숫자는 세 가지 경우가 있습니다.

(8, 1) (8, 2) (7, 1)

433
관계셈

● 덧셈식을 보고 뺄셈식을, 뺄셈식을 보고 덧셈식을 만드시오.

①
$$65 + 19 = 84$$
$$84 - 65 = 19$$
$$84 - 19 = 65$$

②
$$29 + 66 = 95$$
$$95 - 29 = 66$$
$$95 - 66 = 29$$

③
$$82 - 29 = 53$$
$$53 + 29 = 82$$
$$29 + 53 = 82$$

④
$$63 - 28 = 35$$
$$28 + 35 = 63$$
$$35 + 28 = 63$$

⊕ □ 안에 알맞은 수를 써넣으시오.

덧셈식 (부분) + (부분) = (전체)를 (전체) − (한 부분) = (다른 부분)으로 하여 뺄셈식으로 나타낼 수 있습니다. 역으로

뺄셈식 (전체) − (한 부분) = (다른 부분)은 (한 부분) + (다른 부분) = (전체)로 하여 덧셈식으로 나타낼 수 있습니다.

$$56 + 18 = 74 \longleftrightarrow 74 - 18 = 56$$

① $$46 + 51 = 97 \longleftrightarrow 97 - 51 = 46$$

② $$48 + 23 = 71 \longleftrightarrow 71 - 23 = 48$$

③ $$34 + 49 = 83 \longleftrightarrow 83 - 49 = 34$$

④ $$28 + 15 = 43 \longleftrightarrow 43 - 15 = 28$$

⑤ $$14 + 67 = 81 \longleftrightarrow 81 - 67 = 14$$

⑥ $$63 + 32 = 95 \longleftrightarrow 95 - 32 = 63$$

⑤ 주차

P. 48 ● P. 49

434   다리 잇기

● 계산을 한 다음 알맞게 선으로 이으시오.

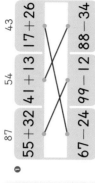

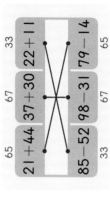

① 78   24   83
51+27   96−72   35+48
78   83   24

② 27+43   76−54   15+69
22   84   70

③ 74−30   53+18   93−28
65   44   71

④ 64−49   25+27   81−38
43   52   15

⑤ 59+42   78−26   85+34
52   101   119

● 계산 결과가 같은 것끼리 선으로 이으시오.

① 87   54   43
55+32   41+13   17+26
67−24   99−12   88−34
43   87   54

❸ 65   67   33
21+44   37+30   22+11
85−52   98−31   79−14
33   67   65

③ 23+32   16+21   38+29
64−27   77−10   88−33

② 15+19   75−28   57+26
65−18   89−55   94−11

⑤ 25+16   39+19   42+35
89−12   69−11   95−54

④ 29+26   15+54   12+35
78−23   93−46   82−13

안의 점수에 맞게 화살이 두 개를 그리시오.

①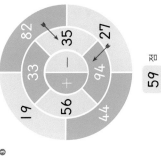

18	14	50
75	− +	69
31	59	88

29 점
88−59=29

③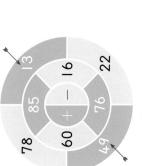

82	35	27
33	− +	94
19	56	44

59 점

❹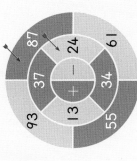

87	24	61
37	− +	34
93	13	55

63 점
87−24=63

②

13	16	22
85	− +	76
78	60	49

62 점

---

435 두 색깔 양궁

● 화살이 ●에 꽂히면 점수를 더하고, ●에 꽂히면 점수를 뺍니다. 몇 점입니까?

①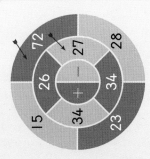

51	32	79
68	− +	66
43	95	84

66 − 32 = 34

③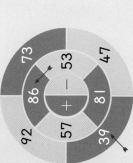

11	62	45
71	− +	25
74	38	83

71 − 45 = 26

②

72	27	28
26	− +	34
15	34	23

72 − 27 = 45

❷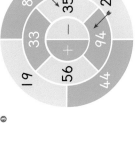

73	53	47
86	− +	81
92	57	39

39 + 86 = 125
86+39=125

5 주차

P. 54 • P. 55

436 수 배열표셈

● 수 배열표를 보고 다음 계산을 하시오.

수 배열표의 규칙을 이 용하여 모양이 나타내는 수를 구한 다음, 계산을 합니다.

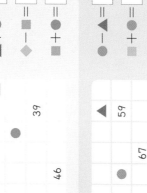

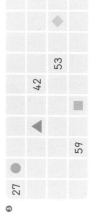

잘 공부했는지 알아봅시다

월 일

1 수 카드를 사용하여 덧셈식과 뺄셈식을 각각 만드시오.

25 36 61

25 + 36 = 61

36 + 25 = 61

61 − 25 = 36

61 − 36 = 25

카드의 세 수 중 전체는 61, 부분은 25와 36입니다.
덧셈식은 (부분)+(부분)=(전체)이므로 25+36=61, 36+25=61이고,
뺄셈식은 (전체)−(한 부분)=(다른 부분)이므로 61−36=25, 61−25=36입니다.

2 수 배열표를 보고 □ 안에 알맞은 수를 써넣으시오.

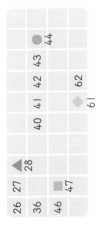

$\blacksquare$ + $\bullet$ = 91
　47　44

$\blacklozenge$ + $\blacktriangle$ = 89
　61　28

3 □ 안에 알맞은 수를 써넣으시오.

❶ 45 − 27 = 18　　↕　　27 + 18 = 45

❷ 81 − 36 = 45　　↕　　36 + 45 = 81

(전체)−(한 부분)=(다른 부분)을 (부분)+(부분)=(전체)로 하여 덧셈식으로 나타낼 수 있습니다. 45−27=18에서 전체는 45이고 부분은 27과 18입니다.

⑥ 주차

437 덧셈 방법

● 여러 가지 방법의 덧셈 설명을 보고 □ 안에 알맞은 수를 써넣으시오.

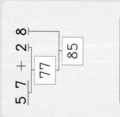

$5\ 7\ +\ 2\ 8$

77
85

57에 20을 먼저 더하고 그 결과에 8을 더합니다.

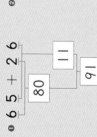

① $6\ 5\ +\ 2\ 6$

80
11
91

60과 20을 더하고 5와 6을 더한 다음 그 결과를 더합니다.

② $4\ 6\ +\ 3\ 9$ — 40 — 1

86
85

46에 40을 먼저 더한 다음 그 결과에서 1을 뺍니다.

③ $3\ 6\ +\ 4\ 7$

76
83

36에 40을 먼저 더한 다음 그 결과에 7을 더합니다.

④ $1\ 9\ +\ 5\ 2$ — 51

20
71

19에 1을 먼저 더한 다음 그 결과에 51을 더합니다.

⑤ $6\ 3\ +\ 2\ 8$ — 30 — 2

93
91

63에 30을 먼저 더한 다음 그 결과에서 2를 뺍니다.

❖ 여러 가지 방법으로 덧셈을 한 것입니다. □ 안에 알맞은 수를 써넣으시오.

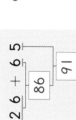

$2\ 6\ +\ 6\ 5$

86
91

26에 60을 더한 다음 그 결과에 5를 더합니다.

① $4\ 6\ +\ 4\ 5$

86
91

46에 40을 더한 다음 그 결과에 5를 더합니다.

② $3\ 4\ +\ 4\ 8$

70
12
82

30과 40을 더하고 4와 8을 더한 다음 두 계산 결과를 더합니다.

③ $5\ 1\ +\ 2\ 3$

4
70
74

④ $3\ 5\ +\ 5\ 7$

80
12
92

⑤ $4\ 8\ +\ 2\ 4$ — 2 — 22

50
72

48에 2를 먼저 더한 다음 그 결과에 22를 더합니다.

⑥ $6\ 7\ +\ 1\ 8$ — 3 — 15

70
85

⑦ $6\ 6\ +\ 2\ 9$ — 30 — 1

96
95

66에 30을 먼저 더한 다음 그 결과에서 1을 뺍니다.

⑧ $1\ 5\ +\ 6\ 8$ — 70 — 2

85
83

⑥ 주차

438   가로 덧셈

P.60 ● P.61

● 여러 가지 방법으로 덧셈을 한 것입니다. □ 안에 알맞은 수를 써넣으시오.

$72+21$
$=72+\boxed{20}+\boxed{1}$
$=\boxed{92}+\boxed{1}$
$=\boxed{93}$

72에 20을 먼저 더하고, 그 결과에 1을 더합니다.

❷ $15+58$
$=15+\boxed{60}-\boxed{2}$
$=\boxed{75}-\boxed{2}$
$=\boxed{73}$

15에 60을 더한 다음 그 결과에서 2를 뺍니다.

❶ $37+47$
$=30+7+\boxed{40}+\boxed{7}$
$=\boxed{70}+\boxed{14}$
$=\boxed{84}$

30과 40을 더하고, 7과 7을 더한 다음 두 계산 결과를 더합니다.

❸ $28+53$
$=28+\boxed{2}+\boxed{51}$
$=\boxed{30}+\boxed{51}$
$=\boxed{81}$

28에 2를 더한 다음 그 결과에 51을 더합니다.

일   일

● 여러 가지 방법으로 덧셈을 한 것입니다. □ 안에 알맞은 수를 써넣으시오.

$28+34$
$=28+\boxed{30}+\boxed{4}$
$=\boxed{58}+\boxed{4}$
$=\boxed{62}$

28에 30을 더하고 그 결과에 4를 더합니다.

❶ $26+55$
$=20+6+\boxed{50}+\boxed{5}$
$=\boxed{70}+\boxed{11}$
$=\boxed{81}$

20과 50을 더하고 6과 5를 더한 다음 두 계산 결과를 더합니다.

❷ $46+19$
$=\boxed{46}+\boxed{20}-\boxed{1}$
$=\boxed{66}-\boxed{1}$
$=\boxed{65}$

46에 20을 더한 다음 그 결과에서 1을 뺍니다.

❸ $69+23$
$=\boxed{69}+\boxed{1}+\boxed{22}$
$=\boxed{70}+\boxed{22}$
$=\boxed{92}$

69에 1을 더한 다음 그 결과에 22를 더합니다.

❹ $38+46$
$=\boxed{30}+8+\boxed{40}+\boxed{6}$
$=\boxed{70}+\boxed{14}$
$=\boxed{84}$

❺ $24+48$
$=\boxed{24}+\boxed{50}-\boxed{2}$
$=\boxed{74}-\boxed{2}$
$=\boxed{72}$

사고셈 ● 61

⑥ 주차

439 뺄셈 막대

● 여러 가지 방법이 뺄셈 설명을 보고 □ 안에 알맞은 수를 써넣으시오.

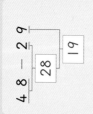

4 8 - 2 9 → 28 → 19

48에서 20을 먼저 뺀 다음 그 결과에서 9를 뺍니다.

❶ 6 3 - 4 7 → 3 · 44 → 60 → 16

63에서 3을 먼저 뺀 다음 그 결과에서 44를 뺍니다.

❷ 6 2 - 4 8 → 54 → 14

62에서 8을 먼저 뺀 다음 그 결과에서 40을 뺍니다.

❸ 7 2 - 2 5 → 52 → 47

72에서 20을 먼저 뺀 다음 그 결과에서 5를 뺍니다.

❹ 9 3 - 5 6 → 3 · 53 → 90 → 37

93에서 3을 먼저 뺀 다음 그 결과에서 53을 뺍니다.

❺ 7 4 - 1 9 → -20 +1 → 54 → 55

74에서 20을 먼저 뺀 다음 그 결과에서 1을 더합니다.

● 여러 가지 방법으로 뺄셈을 한 것입니다. □ 안에 알맞은 수를 써넣으시오.

❷ 8 6 - 5 9 → 77 → 27

86에서 9를 먼저 뺀 다음 그 결과에서 50을 뺍니다.

❶ 4 6 - 1 2 → 36 → 34

9 5 - 3 7 → 65 → 58

95에서 30을 먼저 뺀 다음 그 결과에서 7을 뺍니다.

❹ 5 4 - 2 6 → 4 · 22 → 50 → 28

54에서 4를 먼저 뺀 다음 그 결과에서 22를 뺍니다.

❶ 7 2 - 1 3 → 10 · 3 → 62 → 59

72에서 10을 먼저 뺀 다음 그 결과에서 3을 뺍니다.

❸ 6 2 - 3 5 → 57 → 27

❻ 8 1 - 4 9 → -50 +1 → 31 → 32

❷ 3 1 - 1 8 → -20 +2 → 11 → 13

31에서 20을 먼저 뺀 다음 그 결과에서 2를 더합니다.

❺ 7 7 - 4 8 → 40 8 → 37 → 29

440 가로 뺄셈

● 여러 가지 방법으로 뺄셈을 한 것입니다. □ 안에 알맞은 수를 써넣으시오.

87-45
$$=80+7-\boxed{40}-5$$
$$=\boxed{40}+2$$
$$=\boxed{42}$$

80에서 40을 빼고 7에서 5를 빼서 계산 결과를 더합니다.

● 81-37
$$=81-\boxed{1}-36$$
$$=80-\boxed{36}$$
$$=\boxed{44}$$

81에서 1을 먼저 빼 다음 그 결과에서 36을 뺍니다.

② 74-58
$$=74-\boxed{50}-8$$
$$=\boxed{24}-8$$
$$=\boxed{16}$$

74에서 50을 먼저 빼고 다음 그 결과에서 8을 뺍니다.

③ 53-28
$$=53-\boxed{30}+2$$
$$=\boxed{23}+2$$
$$=\boxed{25}$$

53에서 30을 빼고 다음 그 결과에 2를 더합니다.

(일 / 월)

● 여러 가지 방법으로 뺄셈을 한 것입니다. □ 안에 알맞은 수를 써넣으시오.

74-38
$$=74-\boxed{40}+2$$
$$=\boxed{34}+2$$
$$=\boxed{36}$$

74에서 40을 빼고 다음 그 결과에 2를 더합니다.

① 63-36
$$=63-\boxed{30}-6$$
$$=\boxed{33}-6$$
$$=\boxed{27}$$

63에서 30을 먼저 빼고 다음 그 결과에서 6을 뺍니다.

③ 81-49
$$=81-\boxed{50}+1$$
$$=\boxed{31}+1$$
$$=\boxed{32}$$

81에서 50을 빼고 다음 그 결과에 1을 더합니다.

② 42-27
$$=42-\boxed{2}-25$$
$$=\boxed{40}-25$$
$$=\boxed{15}$$

42에서 2를 먼저 빼고 다음 그 결과에서 25를 뺍니다.

⑤ 51-28
$$=51-\boxed{20}-8$$
$$=\boxed{31}-8$$
$$=\boxed{23}$$

51에서 20을 먼저 빼고 다음 그 결과에서 8을 뺍니다.

④ 97-15
$$=90+7-\boxed{10}-5$$
$$=80+\boxed{2}$$
$$=\boxed{82}$$

90에서 10을 빼고 7에서 5를 뺀 다음 두 계산 결과를 더합니다.

6 주차

잘 공부했는지 알아봅시다

월 일

1 여러 가지 덧셈 방법으로 계산한 것입니다. □ 안에 알맞은 수를 써넣으시오.

❶ 4 8 + 3 4 = 82

48에 2를 더해서 50을 만들기 위해 34를 2와 32로 나누어 더합니다.

2 32, 50, 82

❷ 6 3 + 2 9 = 92

더하는 수 29를 30을 더하고 1은 빼는 방식으로 계산합니다.

30 −1, 93, 92

2 62−19를 여러 가지 방법으로 계산하려고 합니다. □ 안에 알맞은 수를 써넣으시오.

$62-19=62-\boxed{20}+1$
$=\boxed{42}+1$
$=\boxed{43}$

$62-19=62-2-\boxed{17}$
$=60-\boxed{17}$
$=\boxed{43}$

3 56−29를 다음과 같이 두 수에 각각 1을 더해서 57과 30으로 만든 후 뺄셈을 하였습니다. 같은 방법으로 다음 뺄셈을 하시오.

$56-29=57-30=27$

$77-39=78-40=38$

66

441 수직선 식 세우기

● 다음을 식으로 나타내고, 빈칸에 알맞은 수를 써넣으시오.

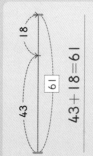

$43 + 18 = 61$

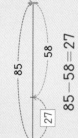

$85 - 58 = 27$

①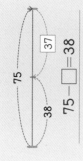

$29 + 35 = 64$

② $82 - 64 = 18$

③ $37 + 54 = 91$

④ $57 - 28 = 29$

⑤ $55 + 37 = 92$

⑥ $73 - 36 = 37$

수직선에서 오른쪽으로 이동하는 화살표(⌒)는 덧셈을 나타내고, 왼쪽으로 이동하는 화살표 (⌒)는 뺄셈을 나타냅니다.

◆ 다음을 □가 있는 식으로 나타내고, 수직선의 빈칸에 알맞은 수를 써넣으시오.

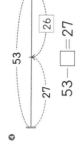

$57 + \square = 98$

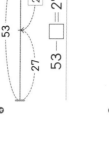

$75 - \square = 38$

①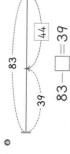

$64 + \square = 81$

②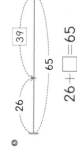

$64 - \square = 28$

③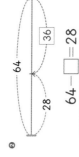

$32 + \square = 71$

④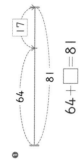

$53 - \square = 27$

⑤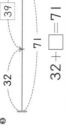

$26 + \square = 65$

⑥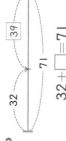

$83 - \square = 39$

7 주차

442 벌레셈 문장제

● 벌레셈의 □ 안에 알맞은 수를 써넣으시오.

```
    4 6
  + 1 5
  ─────
    6 1
```

①
```
    6 3
  + 3 4
  ─────
    9 7
```

②
```
    5 6
  + 1 8
  ─────
    7 4
```

③
```
    4 9
  + 2 5
  ─────
    7 4
```

④
```
    5 1
  + 4 2
  ─────
    9 3
```

⑤
```
    4 6
  + 1 7
  ─────
    6 3
```

⑥
```
    7 4
  - 3 2
  ─────
    4 2
```

⑦
```
    8 3
  - 2 6
  ─────
    5 7
```

⑧
```
    9 5
  - 6 9
  ─────
    2 6
```

⑨
```
    9 2
  - 3 8
  ─────
    5 4
```

⑩
```
    7 9
  - 5 6
  ─────
    2 3
```

⑪
```
    6 3
  - 1 5
  ─────
    4 8
```

월   일

● 벌레셈을 세우고 두 수를 구하시오.

⊕ 일의 자리 숫자가 7인 두 자리 수와 십의 자리 숫자가 3인 두 자리 수의 합이 61입니다.

```
    □ 7
  + 3 □
  ─────
    6 1
```
27, 34

① 십의 자리 숫자가 3인 두 자리 수에 일의 자리 숫자가 5인 두 자리 수를 더했더니 74가 되었습니다.

```
    3 □
  + □ 5
  ─────
    7 4
```
39, 35

② 일의 자리 숫자가 4인 두 자리 수에서 십의 자리 숫자가 2인 두 자리 수를 뺐더니 28이 되었습니다.

```
    □ 4
  - 2 □
  ─────
    2 8
```
54, 26

③ 일의 자리 숫자가 7인 두 자리 수에서 십의 자리 숫자가 1인 두 자리 수를 뺐더니 48이 되었습니다.

```
    7 □
  - 1 □
  ─────
    4 8
```
67, 19

443   숫자 카드 조건

● 숫자 카드로 조건에 맞게 식을 만든 것입니다. 빈칸에 알맞은 수를 써넣으시오.

조건
만들 수 있는 두 자리 수 중
가장 큰 수와 가장 작은 수의 차

2	5
7	4
8	

$$8\ 7\ -\ 2\ 4\ =\ 6\ 3$$

① 조건
만들 수 있는 두 자리 수 중
가장 큰 수와 가장 작은 수의 차

1	3
5	6
9	

$$9\ 6\ -\ 1\ 3\ =\ 8\ 3$$

② 조건
만들 수 있는 두 자리 수 중
가장 큰 수와 가장 작은 수의 합

1	2
5	6
9	

$$9\ 6\ +\ 1\ 2\ =\ 1\ 0\ 8$$

③ 조건
만들 수 있는 두 자리 수 중
가장 큰 수와 가장 작은 수의 합

3	4
6	7
8	

$$8\ 7\ +\ 3\ 4\ =\ 1\ 2\ 1$$

● 주어진 숫자 카드를 사용하여 조건에 맞는 식과 답을 쓰시오.

숫자 카드로 만들 수 있는 가장 큰 두 자리 수는 십의 자리에 가장 큰 숫자, 일의 자리에 두 번째로 큰 숫자가 오면 됩니다. 가장 작은 두 자리 수는 십의 자리에 가장 작은 숫자, 일의 자리에 두 번째로 작은 숫자가 오면 됩니다. 단, 십의 자리에는 0이 올 수 없음에 주의합니다.

❶ 조건
일의 자리 숫자가 4인 가장 큰
수와 십의 자리 숫자가 3인 가장
작은 수의 차

| 2 | 4 | 3 | 5 | 8 |

$$84-32=52,\ 52$$

❷ 조건
십의 자리 숫자가 3인 가장 큰
수와 십의 자리 숫자가 6인 가장
작은 수의 합

| 3 | 5 | 9 | 6 | 2 |

$$39+62=101,\ 101$$

❸ 조건
일의 자리 숫자가 4인 가장 큰
수와 십의 자리 숫자가 7인 가장
큰 수의 합

| 1 | 6 | 7 | 4 | 8 |

$$14+78=92,\ 92$$

❹ 조건
십의 자리 숫자가 7인 가장 작은
수와 십의 자리 숫자가 4인 가장
큰 수의 차

| 1 | 6 | 7 | 4 | 9 |

$$71-49=22,\ 22$$

444 세 수 문장제

● 문제에 맞게 □ 안에 알맞은 수를 써넣으시오.

어머니께서 사탕 24개를 사오셨고, 아버지께서 어머니보다 11개 더 많이 사오셨습니다. 어머니와 아버지께서 사오신 초콜릿은 모두 몇 개입니까?

식: $\boxed{24}_{어머니} + \boxed{24} + \boxed{11}_{아버지} = \boxed{59}$ (개)

① 22명이 타고 있던 버스에서 첫 번째 정류장에서 15명이 타고, 두 번째 정류장에서 17명이 탔습니다. 버스에 타고 있는 사람은 모두 몇 명입니까?

식: $\boxed{22} + \boxed{15} + \boxed{17} = \boxed{54}$ (명)

② 빨간색 색종이가 12장 있고, 노란색 색종이는 빨간색 색종이보다 49장 더 많습니다. 색종이는 모두 몇 장입니까?

식: $\boxed{12} + \boxed{12} + \boxed{49} = \boxed{73}$ (장)

③ 상자에 초콜릿 91개가 있습니다. 아몬드 초콜릿이 51개, 밀크 초콜릿이 12개이고 나머지는 모두 다크 초콜릿입니다. 다크 초콜릿은 몇 개입니까?

식: $\boxed{91} - \boxed{51} - \boxed{12} = \boxed{28}$ (개)

④ 선재는 빨간색 구슬 37개, 파란색 구슬 26개를 가지고 있었습니다. 누나에게 구슬을 17개 주었습니다. 선재가 가지고 있는 구슬은 모두 몇 개입니까?

식: $\boxed{37} + \boxed{26} - \boxed{17} = \boxed{46}$ (개)

월 일

● 문제를 읽고 알맞은 식과 답을 쓰시오.

학급 문고를 만들기 위해 책을 모았습니다. 어제는 22권을 모았고, 오늘은 어제보다 38권을 더 모았습니다. 모은 책은 모두 몇 권이 되었습니까?

식: $22 + 22 + 38 = 82$ 답: $\underline{82}$ 권

① 딱지를 현우는 49개, 민주는 30개, 소연이는 18개를 모았습니다. 세 사람이 모은 딱지는 모두 몇 개입니까?

식: $\underline{49 + 30 + 18 = 97}$ 답: $\underline{97}$ 개

② 유진이는 어제 영어 단어 36개를 외웠고, 오늘은 어제보다 19개를 더 외웠습니다. 유진이가 2일 동안 외운 영어 단어는 모두 몇 개입니까?

식: $\underline{36 + 36 + 19 = 91}$ 답: $\underline{91}$ 개

③ 음악실에 1인용, 2인용, 3인용 의자가 모두 60개 있습니다. 1인용 의자가 20개, 2인용 의자가 14개가 있다면, 3인용 의자는 모두 몇 개입니까?

식: $\underline{60 - 20 - 14 = 26}$ 답: $\underline{26}$ 개

④ 공한 상자에는 공이 모두 83개 들어 있습니다. 민지 어머니께서는 앞집에 공 45개를 주시고, 옆집에 23개를 주셨습니다. 남은 공은 모두 몇 개입니까?

식: $\underline{83 - 45 - 23 = 15}$ 답: $\underline{15}$ 개

7 주차

잘 공부했는지 알아봅시다

월 일

1 다음을 □가 있는 식으로 나타내고 빈칸에 알맞은 수를 써넣으시오.

❶

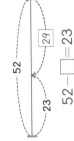

□＋15＝43

❷

52
29
23

52－□＝23

수직선에서 덧셈이면 오른쪽으로 이동하고 뺄셈이면 왼쪽으로 이동하여 계산합니다.

2 민주와 슬기는 각자 가지고 있는 세 장의 숫자 카드 중에서 두 장으로 가장 큰 두 자리 수를 만들었습니다. 만든 두 수를 더한 값을 구하시오. **118**

민주

| 3 | 1 | 4 |

슬기

| 2 | 7 | 5 |

민주가 만든 가장 큰 두 자리 수는 43, 슬기가 만든 가장 큰 두 자리 수는 75
두 수의 합은 43＋75＝118

3 다음과 같이 일의 자리 숫자가 **8**인 두 자리 수와 십의 자리 숫자가 **4**인 두 자리 수가 있습니다. 이 두 수의 합이 **73**일 때 두 수를 각각 구하시오. **28, 45**

8

4
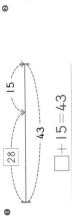

2 8
＋ 4 5
7 3

4 바구니에 사탕이 **42**개 들어 있습니다. 그중 **15**개를 먹고 **28**개를 더 넣었습니다. 지금 바구니에 들어 있는 사탕은 몇 개입니까?

식 : _42－15＋28＝55_ 답 : _55_ 개

P.76

⑧ 주차

445 거꾸로셈

● ○안에 + 또는 −를, □안에는 알맞은 수를 써넣으시오.

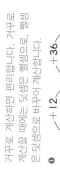
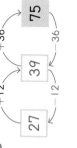
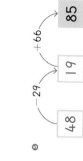
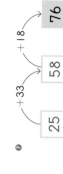

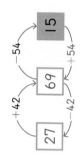
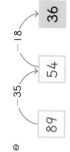
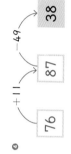
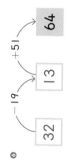
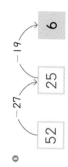

가꾸로 계산하면 편리합니다. 가꾸로 계산할 때에는 덧셈은 뺄셈으로, 뺄셈은 덧셈으로 바꾸어 계산합니다.

● 빈칸에 알맞은 수를 써넣으시오.

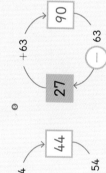
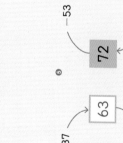
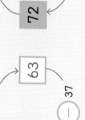
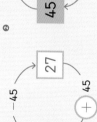
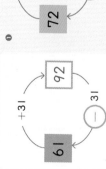

대소셈

446

● □ 안에 들어갈 수 있는 수에 ○표 하시오.

● □ 안에 수를 넣어 부등식이 성립하는지 알아봅시다.

55+□<82   ㉖ 27 28
55+㉖<82
55+27=82
55+28>83

① 36+□>64   27 28 ㉙
36+27< 64
36+28=64
36+㉙>64

② □+74<91   ⑯ 17 18
⑯+74<91
17+74=91
18+74>91

③ □+49>96   46 47 ㊽

④ 21+□<58   ㊱ 37 38

⑤ 18+□> 75   56 57 ㊽

⑥ 86-□<42   43 44 ㊺

⑦ 70-□>39   ㉚ 31 32

⑧ □-62<29   ⑨⓪ 91 92

⑨ □-24>38   61 62 ㉓

⑩ 92-□<47   44 45 ㊻

⑪ 63-□>29   ㉝ 34 35

● □ 안에 들어갈 수 있는 수 중에서 가장 큰 수를 □ 안에 쓰시오.

37+□<53   15

① □+29<76   46

② 45+□ <81   35

37+□가 53보다 작아야 하므로 37+□의 계산 결과가 52, 51, 50, …이면 됩니다. 따라서 □의 값 중 가장 큰 수는 계산 결과가 52가 되는 □는 15입니다.

45+■가 80일 때 ■의 값이 가장 크므로
45+■=80
■=35

③ 60-□>27   32

④ □-42<18   59

⑤ 91-□>65   25

● □ 안에 들어갈 수 있는 수 중에서 가장 작은 수를 □ 안에 쓰시오.

⑥ 52+□>81   30

⑦ □+25>51   27

⑧ 17+□>51   35

52+■=82일 때 ■의 값이 가장 작으므로
■=30

⑨ □-29>54   84

⑩ 56-□<38   19

⑪ 73-□<28   46

56-■=37일 때 ■의 값이 가장 작으므로
■=19

⑧ 주차

복면셈

447

● 같은 모양에는 같은 숫자, 다른 모양에는 다른 숫자가 들어갑니다. 빈칸에 알맞은 수를 써넣으시오.

두 자리 수끼리의 덧셈 결과가 세 자리 수이면 백의 자리 숫자는 항상 1입니다.

❖ 같은 모양은 같은 숫자, 다른 모양은 다른 숫자를 나타냅니다. 각 모양이 나타내는 숫자를 구하시오.

● 같은 모양은 같은 숫자, 다른 모양은 다른 숫자를 나타냅니다. 각 모양이 나타내는 숫자를 구하시오.

두 자리 수끼리의 덧셈 결과가 세 자리 수이므로 ◆=1

★+●=2인 경우는 ★=1 또는 ●=1입니다.

82

83

448 최대합 최소차

● 숫자 카드를 사용하여 여러 가지 덧셈식을 만든 것입니다. 가장 큰 합에 ○표 하시오.

❶
| 2 | 7 |
| 4 | 6 |

$$74 + 26 = 100$$
$$72 + 64 = 136 \quad (○)$$
$$27 + 46 = 73$$

| 1 | 3 |
| 5 | 9 |

$$39 + 51 = 90$$
$$95 + 31 = 126$$
$$91 + 53 = 144 \quad (○)$$

● 숫자 카드를 사용하여 여러 가지 뺄셈식을 만든 것입니다. 가장 작은 차에 ○표 하시오.

❷
| 2 | 3 |
| 5 | 9 |

$$92 - 53 = 39$$
$$39 - 25 = 14$$
$$35 - 29 = 6 \quad (○)$$

| 2 | 6 |
| 5 | 8 |

$$86 - 25 = 61$$
$$62 - 58 = 4 \quad (○)$$
$$68 - 52 = 16$$

● 숫자 카드를 사용하여 두 자리 수끼리의 덧셈식과 뺄셈식을 만들어 가장 큰 합과 가장 작은 차를 구하시오.

세로셈의 덧셈에서는 십의 자리 수끼리, 일의 자리 수끼리 바꾸어 써도 됩니다. 따라서 계산 결과가 맞으면 정답입니다.

❶
가장 큰 합
$$74 + 62 = 136$$

가장 작은 차
$$72 - 64 = 8$$

가장 작은 차를 구하려면 네 수 중 십의 자리 가까운 두 수를 각각 십의 자리에 쓰고, 나머지 두 수 중 작은 수를 빼지는 수의 일의 자리에, 큰 수는 빼는 수의 일의 자리에 씁니다.

❷
가장 큰 합
$$82 + 51 = 133$$

가장 작은 차
$$25 - 18 = 7$$

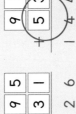

계산 결과를 가장 크게 하려면 가장 큰 수인 8과 두 번째로 큰 수인 6을 각각 십의 자리에 쓰고 나머지를 일의 자리에 씁니다.

❸
가장 큰 합
$$95 + 74 = 169$$

가장 작은 차
$$57 - 49 = 8$$

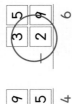

❹
가장 큰 합
$$85 + 63 = 148$$

가장 작은 차
$$63 - 58 = 5$$

⑧ 숫자

잘 공부했는지 알아봅시다

월   일

1 □ 안에 들어갈 수 있는 수 중 가장 큰 수를 구하시오. 17

$$33 < 51 - \boxed{}$$

33 < 51 — 16
33 < 51 — ⑰
33 = 51 — 18
33 > 51 — 19
33 > 51 — 20

2 같은 모양은 같은 숫자일 때, ♥에 알맞은 숫자를 구하시오.   4

```
    ♠ 2
  - ♥ 4
  -----
    3 ♠
```

일의 자리 계산에서 2에서
4를 뺄 수 없으므로
받아내림하여 계산을 하면
12 - 4 = 8이므로 ♠ = 8.
십의 자리 계산에서
7 - ♥ = 30 므로
♥ = 4입니다.

3 숫자 카드를 모두 사용하여 계산 결과가 가장 큰 덧셈식과 계산 결과가 가장 작은 뺄셈식을 만드시오.

```
3   9
7   6
```

합이 가장 큰 수를 만들 때 가장 큰 수와 두 번째로 큰 수는 각각 십의 자리에 씁니다.

```
  9 6          9 3          7 3          7 6
+ 7 3        + 7 6        + 9 6        + 9 3
-----        -----        -----        -----
1 6 9        1 6 9        1 6 9        1 6 9
```

차가 가장 작은 식을 만들 때에는 네 수 중에 수 개를 가까운 수 두 개를 골라 십의 자리에 씁니다. 큰 수는 위에, 작은 수는 아래에 씁니다. 남은 두 수 중에서 작은 수를 위에, 큰 수를 아래에 씁니다.

```
  7 3
- 6 9
-----
    4
```

86